Mr.Know All 浩瀚宇宙

小书虫读科学

地球真的在转吗

《指尖上的探索》编委会 组织编写

作家出版社

策划出品 悦读名品　图片服务 悦读名品 123RF　

　　我们每天生活在地球上，但我们对地球的了解可能并不深。地球是目前人类所知唯一存在生命的天体。本书针对青少年读者设计，图文并茂地介绍了地球——蔚蓝色的星球、神奇地球知多少、人类生命的摇篮——地球、太阳系的成员——地球、身处宇宙之中的地球、万物生灵的呐喊——保护地球六部分内容。来认识一下我们的地球母亲吧。

图书在版编目（CIP）数据

地球真的在转吗 /《指尖上的探索》编委会编. --
北京：作家出版社，2015.11（2022.5重印）
（小书虫读科学）
ISBN 978-7-5063-8570-1

Ⅰ.①地… Ⅱ.①指… Ⅲ.①地球—青少年读物
Ⅳ.①P183-49

中国版本图书馆CIP数据核字（2015）第278970号

地球真的在转吗

作　　者　《指尖上的探索》编委会
责任编辑　杨兵兵
装帧设计　高高 **BOOKS**
出版发行　作家出版社有限公司
社　　址　北京农展馆南里10号　邮　　编　100125
电话传真　86-10-65067186（发行中心及邮购部）
　　　　　86-10-65004079（总编室）
E-mail:zuojia@zuojia.net.cn
http://www.zuojiachubanshe.com
印　　刷　北京盛通印刷股份有限公司
成品尺寸　163×210
字　　数　170千
印　　张　10.5
版　　次　2016年1月第1版
印　　次　2022年5月第2次印刷
ISBN 978-7-5063-8570-1
定　　价　33.00元

Mr. Know All

《指尖上的探索》编委会

目录 Contents

第二章　神奇地球知多少

第四章　太阳系的成员——地球

　　我们居住的地球是一个蔚蓝色的星球，它是我们共同的母亲。关于地球，我们又了解多少呢？

　　地球是什么时候诞生的？它是由哪些部分构成的？它已经多大"年纪"了？它的"体重"又是多少，是胖还是瘦？还有，古人常说"天圆地方"，那么地球是方块状的，还是球体呢？地球有温度吗？它的内心是火热的，还是冰凉的呢？它的外表是冷峻的，还是温暖的呢？

　　处于茫茫宇宙之中的地球是恒星吗？作为宇宙中目前已知的一颗特殊的、存有生命的星球，我们对它有着怎样的认知呢？

　　让我们一同来了解我们所居住的蔚蓝色星球吧！

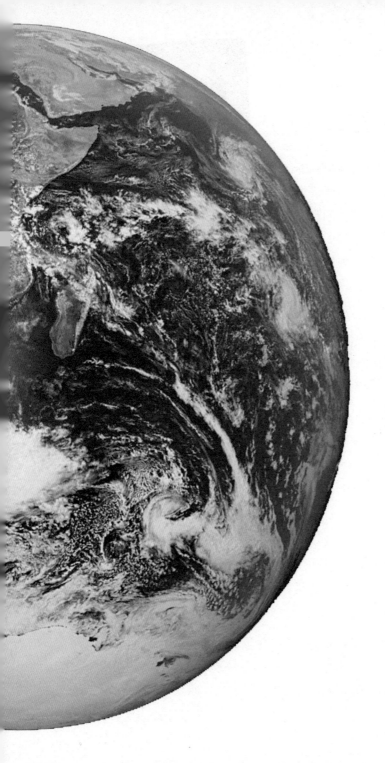

第一章

地球——蔚蓝色的星球

1.地球是怎样出现的

地球是人类赖以生存和发展的家园，自有文明以来，人们从来没有停止过对自己所居住的这个星球的探寻和追索。直到波兰天文学家哥白尼提出了日心说，英国科学家牛顿发现了万有引力，以及伽利略第一次把望远镜用作天文观测，才使得关于地球起源的各种科学假说被相继提出。众说纷纭，关于地球的起源、地球上生命的起源和人类的起源一直是科学领域的三大难题。

而历史上跟地球起源有关的假说最具有代表性的有 4 个，分别是德国哲学家康德的星云说、法国数学家拉普拉斯的星云说、英国天文学家霍伊尔和德国天文学家沙兹曼的霍伊尔－沙兹曼星云说，以及中国天文学家戴文赛的星云说。

康德于 1755 年就关于地球的形成提出了一个设想，他认为较为致密的质点组成凝云且相互吸引而成为球体，质点组成的凝云又因为相互排斥而使得星云旋转。这个星云说的假说，有着一定的开先河的价值，为后续的探索者和研究者们打开了一扇通往科学殿堂的大门。

拉普拉斯于 1796 年提出行星由围绕自己的轴旋转的气体状星云形成。20 世纪 60 年代，霍伊尔和沙兹曼根据电磁作用机制提出新的假说，开辟了一个对于地球起源问题认识的新的探索领域。1974 年中国天文学家戴文赛也提出了自己的星云说，由此中国对于地球起源的研究进入了世界先进行列。

地球到底是怎么出现的，这是一个极其复杂的难题，每一种假说都是科学家根据其所处时代的认知水平进行探索而提出的。这些假说不一定就是地球起源的真相，但我们相信，随着科学的发展，地球起源之谜一定会被解开。

2.地球现在多少岁了

随着时间的推移，我们的年龄也逐步增长。那么，你有没有想过地球几岁了呢？"她"在茫茫的宇宙中存在了多久？地球是一直存在着的还是后来才出现的呢？据迄今为止的科学研究证明，地球也是有年龄的，"她"差不多已经46亿岁了。

大概46亿年前，银河系里曾经发生过一次爆炸，爆炸后的气体与尘埃在太阳系内部集中融合，最终形成了太阳和各大行星。当然，我们生活的地球就是其中的形成者之一。

生活在地球上的人们从来都关心地球的年龄问题，自从开始对宇宙进行探索起，人们一直没有停止过对地球存在时间的计算的脚步，直到20世纪，科学家们才发明了同位素地质测定法，这是目前为止测定地球年龄的最佳方法，是计算地球历史的标准模式。根据这种方法，科学家找到了最古老的岩石，测算出有38亿岁。然而，地球的实际年龄应该比38亿年更长。地球在萌生时期，可能是一个炽热的熔融球体，约8亿年后才冷却下来，形成了坚硬的地壳，以及最早的岩石。科学家们一致认为，地球的实际年龄约是46亿岁。

由此看来，我们的年龄跟地球的年龄比起来真是微不足道呢！

3. 地球是恒星还是行星

恒星是能自己发光的球状或类球状天体，通常由炽热气体组成。恒星的体积和质量通常都比较大。太阳是离地球最近的恒星，其次是处于半人马座的比邻星，距离地球约4.22光年。古代的天文学家认为恒星在星空的位置是固定的，也没有其他变化，所以称为"恒星"。其实，恒星并不是恒定不动的。恒星离地球都很遥远，如果不借助特殊工具和方法，很难发现其变化。

行星的概念在天文学上一直备受争议。国际天文学联合会大会关于"行星"的新定义提出，行星必须具备如下几个条件：必须是围绕恒星运转的天体；质量足够大，通常直径在 800 千米以上，质量在 50 亿亿吨以上，以至于自身的吸引力能够和自转速度平衡使其呈圆球形；不受到轨道周围其他物体的影响而随意改变运动轨迹。

　　在了解了恒星和行星的定义后，你可以根据在前文学到的知识先自己判断一下地球到底是恒星还是行星。

　　地球是围绕太阳这颗恒星运转的天体，直径约 12756 千米，质量约为 60 万亿亿吨，能够清除其轨道附近的其他物体。行星的三个标准地球都符合了，由此可知地球是一颗行星。

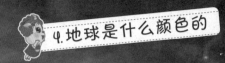

4.地球是什么颜色的

如果让你拿起画笔来画美丽的地球,你会怎么画呢?海洋是蓝色的,森林是绿色的,土地是黄色的,云朵是白色的……那么,地球到底是什么颜色的呢?

在浩瀚无边的太空中看去,地球整体上是个蔚蓝色的星球。因为地球表面大部分被蓝色的海洋所覆盖,再加上大气散射阳光中蓝光成分比较多,就使地球整体看起来是蓝色的。

当然,地球的颜色也不全是蓝色的,因为地球上除了水还有其他的物质存在。除了蓝色还有少部分的黄色、绿色和白色,黄色是沙漠和山脉,绿色是森林,而白色就是云团和雪山了。看来,地球是一个整体为蓝色,夹杂少部分绿色、白色和黄色的美丽的星球。

如果你想真正看一下美丽的地球,最好飞上太空去一睹它的全貌。

5.地球为什么会被叫作地球

大海是地球的主要部分，大量的海水使地球看起来像一颗巨大的蓝宝石。那么地球为什么不叫作水球而叫作地球呢？

地球这个名字来源于人们对大地形状的认识，最早可以追溯到古希腊学者亚里士多德的哲学理论中。

地球表面大约71%是海洋，29%为陆地。以前人们一直都生活在陆地上，由于没有交通工具，人类只看到地球上的土地，以为地球就是土地，没有任何别的东西，而没看到地球多的那一部分——71%的海洋。后来当人们探索宇宙的时候，就发现地球不是想象中的那样，而是一个大部分覆盖着海洋的球体，人们就觉得"地球"这个名字不合适，应该改称为"水球"。但是人们又觉得陆地与人的关系更为密切，人在陆地上居住，活动范围较小，观察的范围也很小，生命活动大多数还是在陆地上进行，因此不能把它称为水球，就还一如既往地叫它地球。由此看来，"地"是在人类早期没有发现海洋的时候就起的名字，而"球"是发现了地球是球体以后起的名字。

西方人称地球为盖亚，这个词有"大地之神""众神之母"的意思，所以我们也把地球叫作地球母亲。

6.地球真的是球形的吗

足球、篮球、地球都是以球命名的，那么地球的形状是不是和足球、篮球一样的呢？其实地球并不是一个完美的球体，而是一个两极地区稍扁，赤道附近略鼓的不规则球体。这一正确的结论经过了相当漫长的论证过程才得出。

在中国周朝有人提出了"天圆如张盖，地方如棋局"的盖天说，即认为天像圆顶穹隆，而地则像方形棋盘。

后来随着生产技术的发展，人类活动范围慢慢扩大起来，人们发现一些客观现象无法用早期得出的观念来解释。于是便有人提出了拱形大地的设想，形成了"浑天说"。著名的汉朝科学家张衡在所著的《浑天仪注》中就对"浑天说"做出了详尽的阐释。古代印度人认为，大地像站在一只巨大的海龟身上，被四头大象驮着。而古希腊学者亚里士多德根据月食的景象分析认为：月球被地影遮住部分的边缘是圆弧形的，所以地球应该是球体或近似球体。

人类对地球的形状进行了很久的探索，最早由麦哲伦实现环球航行，从而证实了地球是个球体。随着科技的发展，人们运用现代探测技术发现地球是个两极稍扁、赤道略鼓的不规则球体。

原来地球是不规则的球体啊！人类对科学知识的探索是永无止境的。

地球的质量曾经是一个谜，曾经有人想用这样的公式来计算地球的质量，即"质量=密度×体积"。可是，即使在人们大致知道了地球的体积以后，地球的密度仍然困扰着研究地球质量的人们。因为地球各部分、各物质的密度不同，所以谁也没有办法知道地球的平均密度。17世纪的权威人士曾断言：人类永远不会知道地球的质量。

但人类探索未知事物的脚步不会因为困难就停下，依旧有人在不断研究探索，向权威挑战。

牛顿在17世纪末发现了万有引力定律，他想通过测量地球引力来计算地球质量，虽然没有成功，却给后来研究地球质量的科学家指明了一条新的道路，就是通过"万有引力定律"的理论知识去测算地球的质量。

英国科学家亨利·卡文迪许在年轻时就立志攻破这个著名的难题。他做过最有名的实验就是有关万有引力的扭秤实验，卡文迪许花费了大量的时间和精力去做扭秤实验。最后，卡文迪许用了50年的时间，经过不懈的努力，在1798年通过扭秤实验测出了"万有引力常数"。根据这个数值，精确地计算出了地球的质量。

地球到底有多重呢？卡文迪许算出是约60万亿亿吨！卡文迪许被誉为"第一个称量地球的人"。

8. 地球的内部到底是什么样子呢

人类在地球上已经生活了几百万年，宇宙飞船陆续飞往太空，去探索地球以外的宇宙的奥秘，但是对于平均半径达到6371千米的地球内部，我们却至今难以一探究竟。地球的内部到底是什么样子呢？

虽然我们现在还不能进入地球内部去研究探测，但是科学家通过研究地震波和火山爆发等现象，已经间接地揭示了地球内部的奥秘。地球由外而内包括地壳、地幔和地核三层。地壳是地球表面的一层厚薄不均匀的壳，平均厚度17千米。地壳的下一层是地幔，平均厚度为2900千米左右。虽然地幔大部分是固体，但它却是液态岩浆的发源地。地幔活动对人类的影响很大，大多数地震就是由地幔活动造成的。地幔的组成很复杂，地幔的最上面，由于其物质的性质与地壳类似，于是科学家将地壳和地幔的最上部合在一起，命名为"岩石圈"。再往地心方向深入，就是地核，它的半径大约有3470千米，温度约3000摄氏度。地核的外核可能是液态物质，而内核可能是固态物质。

对于地球内部的构成，科学家虽然进行了很长时间的探索，但是因为从来没有进入地球内部，所以这些所有的研究都没有相对严谨的证据支持。相信在不久的将来，我们一定能够揭开地球内部神秘的面纱。

9.地核的温度有多高

地核是地球的核心部分。地核的质量占整个地球质量的31.5%，体积占整个地球体积的16.2%。地核可分为外地核、过渡层和内地核3个层次。外地核的厚度为1742千米，物质呈液态。过渡层的厚度只有500多千米，物质处于由液态向固态过渡状态。内地核厚度1216千米，又称铁镍核，因为它的成分是以铁、镍为主的重金属。地核的密度很大，即使把最坚硬的金刚石放在那里，它也会像面包一样被压软。

那么密度这么大的地核的温度是多少呢？面对这个地球上未知的空间，科学家可是花费了很多精力才测算出地核的温度呢！

美国科学家罗伯特·范德休斯特和他的科研小组公开表示，他们已于2007年4月测出地核－地幔边界的温度约为3700摄氏度，估计地核内部温度可能高达5000摄氏度。

2013年5月，科学家通过新实验测定地核的温度高达6000多摄氏度，比以前估计的温度高近1000摄氏度，比太阳表面的温度还高。

10.地球的表面温度是多少

看 天气预报时你会发现，有时少林寺附近的气温刚到0摄氏度，大兴安岭地区却在零下30摄氏度左右，而海南岛上的居民竟然还穿着短袖短裤！同属一个国家，同处在一个地球上，为什么各地之间的温度差距却这么大呢？天气预报上常说的"气温"，和地表温度是一回事吗？

要知道，地表温度和气温是两个截然不同的概念。地球上的光热来自太阳，太阳辐射能就是地球表面温度升高的来源。太阳光照到地球表面，先要经过包裹着地球的一层厚厚的大气，而后才能到达地球表面。大部分的太阳辐射能都在穿过大气层的时候散失在大气中了，只有少部分的太阳辐射能可以透过大气射到地面。地面吸收了太阳辐射能，温度升高以后，又把热量传递给靠近地面的大气。这就是我们所说的"太阳暖大地，大地暖大气"。日常生活中所说的"气温"指的是地球表面大气的温度，并不是地表温度。要想知道一个地方是冷还是热，我们常常测这个地方的气温，而不是地表温度。

到现在为止，世界上观测到的最高气温为63摄氏度，出现在非洲的索马里；最低气温在零下90摄氏度以下，出现在南极洲。从全球范围看，地球表面的平均温度维持在15摄氏度左右，但全球平均气温却有不断上升的趋势，这就是我们所说的"全球变暖"。

11. 地球的表面有什么

从 遥远的太空俯瞰地球，看到的是一个蔚蓝的美丽球体。那么，近看地球表面，又会看到什么不同的景色呢？其实，地球并非我们想象的表面像光滑的蓝宝石那样，它的表面是凹凸不平、高低起伏的。

神秘富饶的地球经过亿万年的孕育、演变，导致地表形成了很多不同类型的物质。浩瀚的蓝色海洋，辽阔的黄色陆地，连同透明无色的空气，一同构成地球表面的千姿百态。我们见到的山丘、田野、沙漠、海洋、森林，甚至丛林中奔跑的松鼠、小鹿，都在地球表面有着自己归属的圈子。习惯上，我们把地球表面分为几个大圈层。地壳和上地幔顶部，由坚硬岩石组成的部分，被称作岩石圈。地球表面所有的水，构成水圈。包围着地球的所有气体和其中的悬浮物质，叫作大气圈。岩石圈、水圈和大气圈共同存在，相互交融，共同构成地球表面千姿百态的自然环境。这三个圈层，都是由非生物构成的纯自然、无生命的圈子。

可是，地球表面要有蓬勃跳动的生命才精彩呀。事实上，大气圈的底部、水圈的全部和岩石圈的上部，又共同组成一个新的圈层，它就是生物圈。生物圈是岩石圈、水圈和大气圈相互渗透、相互影响的结果，我们人类就生活在这个生物圈中，和其他神奇可爱的自然界生物和谐共存。

地球

12.地球表面是什么样子的

地球表面有这么些圈层，但这些圈层是看不到的，人们还是不太清楚地球表面到底是什么样子的。高耸入云的珠穆朗玛峰，雄奇瑰丽的科罗拉多大峡谷，陆地的高低起伏、参差错落，构成了地表千变万化的迷人形态。然而，地球表面形态的变化并不是杂乱无章，没有规律可循的，地理学家早已为地球表面的形态变化做出了科学的总结。

地形是地球表面各种各样的形态。常见的地形类型可以分为 5 种，那就是平原、丘陵、山地、高原和盆地。划分地形类型常用的一个概念就是海拔。海拔指的是一个地点高出海平面的距离。

平原的海拔一般在 200 米以下，地面广阔平坦。中国东北的三江平原，中部的华北平原，东部的长江中下游平原都属于平原类型。平原因为地势平坦，土壤肥沃，多是农业发达区。丘陵就是我们常说的小山丘，海拔一般在 250~500 米，坡度相对缓和。丘陵地形在我国南方地区比较常见。山地的海拔一般在 500 米以上，坡度较陡。著名的庐山、泰山、华山，还有喜马拉雅山都是山地的典型代表。高原的海拔也在 500 米以上，它和山地的区别就在于，高原的地表形态和平原相似，地面起伏和缓。"风吹草低见牛羊"的内蒙古大草原，就是高原地形上的美景。盆地没有特殊的海拔限制，凡是四周高、中间低的地形，都属于盆地类型。

平原、丘陵、山地、高原和盆地是常见的5种地形类型，不同地形相互交错，共同构成丰富多彩的陆地形态。但是，这些地表形态是地球形成以来就有的吗？它们是如何形成的呢？

地球表面之所以成为现在这个样子，主要归功于两种力量：一是内力，二是外力。内力作用来自地球内部的运动变化。地球内部有包括地壳、地幔在内的众多圈层，它们之间相互作用，有时会导致地壳断裂、移动，继而造成地表岩层的上升、下陷等，从而影响地表形态。陡峭险峻的华山，就是地壳断裂后岩块上升形成的。地球肚皮上的伤疤——东非大裂谷，也是地壳断裂后逐渐形成的。我们熟悉的火山爆发也是内力作用形成的，岩浆喷出后可以在瞬间改变地表形态。海洋上的火山一旦爆发，冷却的岩浆可以在几秒钟内形成一座新的岛屿。外力作用主要有风化、侵蚀、搬运、堆积4种。流水、风和海浪的力量看似微弱，经过漫长的积累，也会产生"滴水穿石"的奇效。中国西北地区常见的风蚀蘑菇形态，就是大风日夜吹拂，打磨岩石的结果。河流在汇入海洋之前，流速减慢，携带泥沙增多，易使泥沙堆积，形成冲积平原。中国长江、淮河中下游的平原，黄河入海口的三角洲，都是河流堆积作用的杰作。

内力作用和外力作用相互交织，在漫长的岁月中，逐渐把地表雕琢成了现在的样子。

地球的陆地分为两部分，即大陆和岛屿。打开世界地图，你便会清楚明了地看到，大陆和岛屿一片片散布在海洋上。大陆和岛屿供人类和各种陆生动物生存繁衍了几亿年，而且在不停地发生变化。

地理上把地球的大陆分为 6 块，它们分别是东半球的亚欧大陆、非洲大陆、澳大利亚大陆，西半球的北美大陆和南美大陆，以及位于地球最南端的南极大陆。

我国所在的大陆——亚欧大陆，是世界上面积最大的大陆，澳大利亚大陆是面积最小的大陆。比澳大利亚大陆面积小的陆地，就叫作岛屿了。虽然岛屿只是星星点点地散落在大陆的周围，但岛屿也是陆地面积的重要组成部分。全世界岛屿的总面积有 970 多万平方千米，和我国的陆地面积差不多大。

地球上陆地面积就是大陆和岛屿面积的总和了，面积加起来约 14900 万平方千米。

地球上的海洋面积有多大呢？地球上的大洋是相互通连的，分为太平洋、大西洋、印度洋和北冰洋 4 个大洋。其中太平洋的面积最大，约有 18000 万平方千米，仅太平洋的面积，就比地球上陆地面积的总和还要大。

世界海洋的面积有 36100 万平方千米，相当于 38 个中国的陆地面积。

这样对比下来就知道原来地球上陆地面积不是最大的。海洋面积占地球表面积的 71％，陆地面积只占 29％。海洋的总面积差不多是陆地面积的 2.5 倍。

15.地球上有几大洲

勤学好问的磊磊最近迷上了研究地理知识，爸爸买了一个地球仪送给他，磊磊高兴地拿着地球仪仔细观察起来，看着地球仪上花花绿绿的板块，磊磊犯起了迷糊，地球上的大洲是怎样划分的呢？磊磊把自己的疑问告诉了爸爸，这个问题可难不倒爸爸，爸爸告诉磊磊：地球上各个大洲的划分主要根据以下4个方面。

（1）两个大陆间的最细端。比如，南北美洲的分界线是"巴拿马运河"，亚洲和非洲的分界线是"苏伊士运河"，亚洲和北美洲的分界线是"白令海峡"。

（2）以海洋做分界线。南北美洲和欧洲的分界线是"大西洋"，欧洲和非洲的分界线是"地中海"，南北美洲和亚洲的分界线是"太平洋"，大洋洲和非洲的分界线是"印度洋"。

（3）以山脉、气候、历史文化等因素来分。比如欧洲和亚洲的分界，亚洲和大洋洲的分界。

（4）南极洲分界的主要依据是海洋和气候，这里常年冰封，气候严寒，很少有人居住，并且与其他洲都间隔着大洋。

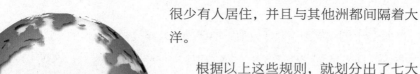

根据以上这些规则，就划分出了七大洲：亚洲、非洲、欧洲、南美洲、北美洲、南极洲、大洋洲，其中，亚洲是世界第一大洲，面积为4400万平方千米。大洋洲陆地总面积约897万平方千米，约占地球陆地总面积的6%，是世界上最小的一个大洲。

16. 地球上的土壤是怎样形成的

土壤是我们在生活中触手可及的物质，蔬菜水果、花草树木都需要土壤提供养分。《淮南子·说林训》中说："土壤布在田，能者以为富。"在工业不发达的过去，土地就是人们能够致富的砝码。那么对人类的生产生活如此重要的土壤是怎么形成的呢？

广袤无垠的土地上覆盖着各种土壤，科学家们一直在探索土壤的形成因素，最终确定了成土因素学说：土壤最初由外界因素（重力、水和冰川）作用之下的岩石风化后累积上千年而成。土壤是在岩石、气候、生物、地形和时间等因素综合作用下的产物。风化作用改变了岩石的性质，使岩石破碎，形成结构疏松的风化壳，它的上部可称为土壤母质，母质对土壤的物理性状和化学组成产生着重要的作用。而在众多土壤形成的因素中，生物起着主导作用。由此可知，土壤是一定时期内，在一定的气候和地形条件下，有活性的机体作用于成土母质而形成的。

土壤是由固体、液体和气体三类物质组成的。固体物质包括土壤矿物质、有机质和微生物等；液体物质主要指土壤中所含的水分；气体主要是存在于土壤间隙中的空气。土壤肥力的高低则是通过测量有机质含量的多少来判断的。

17.地球上时间是怎样划分的

笑笑最近认识了一个美国小朋友露西。一天中午12点，笑笑给露西打电话想约她上网聊天。电话响了好久露西才接，露西告诉笑笑："现在是晚上12点，我和父母都已经睡觉了，明天再一起聊天。"说完就迅速挂了电话。笑笑放下电话很疑惑，现在明明是中午12点，露西怎么会说是晚上12点呢？下午，笑笑带着这个疑问去找了老师，老师帮她解答了疑问。

老师告诉笑笑："世界时区的划分以本初子午线为标准。本初子午线是地球上无数条经线之中的一条，因为它的特殊位置，世界时区由此开始划分。我们规定从西经7度30分到东经7度30分为零时区。由零时区边界分别向东和向西，每隔经度15度为一个时区，东、西各划分出12个时区，全球共划分成24个时区。相邻两个时区的标准时间相差一小时。还要告诉你一条重要的线——日期变更线。地球各地的时间随着地球的自转依次推进，日期也随之更替。为避免混乱，国际规定大致以180度经线作为地球上'今天'与'明天'的分界线，但是并不与180度经线完全重合。自西向东越过国际日期变更线，日期要减去一天。因此就发生了露西和你说的时间不同的现象。"

笑笑听后恍然大悟，老师笑着对她说："既然你了解了这些知识，那我就考考你，如果现在是下午4点，露西小朋友那边的时间应该是几点呢？"你知道答案吗？

18.地球上气候是怎样划分的

炎夏日，小虎一家围坐在桌子旁看着电视吃西瓜，小虎突然发现自己穿着短袖而电视节目中的人却穿着厚厚的外套。这是为什么呢?

世界上气候带的分布是非常有规律的，与纬线平行排列，并且以赤道为轴南北半球对称。南、北回归线之间的广大地区叫作热带，热带受到太阳光的直射时间最长，得到的太阳光热最多，年平均气温非常高。在南、北极圈到南、北两极的地区内，会出现极昼和极夜现象。但是由于太阳光倾斜角度非常大，极昼时获得的热量依然很少，气候非常寒冷，所以叫作寒带。北半球的叫北寒带，南半球的叫南寒带。位于回归线和极圈之间的地区，获得的太阳光热比热带少，比寒带多，所以叫作温带，北半球的叫北温带，南半球的叫南温带。在温带地区，一年中能够明显地感受到春、夏、秋、冬四季的变化，四季分明。

太阳辐射是气候形成的基本因素。太阳光照量的多少，对一个地区气候的形成具有决定性的影响，大致可以总结为：纬度越低，气温越高；纬度越高，气温越低。气候带的划分只能说明世界各地冷热的基本情况，但由于地球上有海陆分布的差异，地形高低的不同，地面植物生长状况也不一样。所以，影响气候形成的因素是多种多样的，即使在同一纬度也会出现温度相差很大的现象。

在茫茫宇宙之中地球是目前已知的唯一存在生命的星球。她到底有什么神奇之处，让她成为生命的摇篮呢？

你相信地球是冰火两重天吗？为什么南北两极是如此严寒，而赤道附近又是终年酷暑呢？还有南北极是一样冷吗？在常年炎热的赤道，竟然能够存在美妙的雪景吗？站在赤道上，一丝不动，就能"坐地日行八万里"吗？如果这是真的话，为什么我们却感受不到地球的一丝转动？

还有，地球既然是"球"，但是为什么我们感到：它是"平"的；是我们的眼睛欺骗了我们，还是其中另有玄机？地球上有没有重力？水为什么会往下流，而不是往"高"处流？

为什么……

你能回答出上面的问题吗？

第二章

神奇地球知多少

19.为什么地球上南、北极寒冷无比

胖 胖的北极熊和可爱的企鹅是很多小朋友喜欢的动物。它们身上都有着厚厚的皮毛，这样的特点跟它们所生活的地区有着密切的联系。南极和北极非常寒冷，它们需要厚厚的皮毛保护自己。那么，为什么南极和北极寒冷无比呢？

地极是地球自转轴与地球表面相交的两点，包括北极和南极。北极和南极都是地球上非常寒冷的地方，一年到头气温都很低，以致那里冰天雪地，成为一个银装素裹的世界。

利用前文可知，地球的南北极地区跟热带和中纬度地区相比，接受的阳光照射更少一些，因此南北极相对来说都比较寒冷。而且在南北极太阳升起的高度永远都在地平线 23.5 度之内，斜射的太阳光传递到南北极的热量非常少，少量的太阳光照射到两极后，又被两极的常年累积的冰层反射回空气中。除此之外，南北两极都要经过漫长的、为期 6 个月的极夜时期。也就是说，在一年的时间里，南极、北极有半年的时间全天都是黑夜的，根本看不到升起来的太阳。

南极大陆的年平均气温在零下二三十摄氏度，比北极要低 20 摄氏度。冬天，南极的最低气温能达到零下 90 摄氏度呢！想象一下，那该有多冷啊！

20.为什么赤道地区终年炎热

赤道其实是一条人为划分的纬线，是南北半球的分界线。如果把地球看作一个标准的球体的话，赤道与南北两极的距离可视为相等。赤道地区终年炎热，年平均气温在 25 ~ 28 摄氏度之间。为什么赤道地区的年平均气温能如此之高呢？

地轴与地球绕太阳公转的平面有一个约 23.5 度的夹角，叫作黄赤交角。由于黄赤交角的存在，太阳直射点每年在南北回归线之间做周期性的往返运动，所以南北回归线之间的区域叫热带，每年获得的太阳辐射能最大。赤道地区属于热带，是地球上接受太阳辐射最多的地区，终年炎热，不能明显感受到四季的变化。除了接受太阳辐射最多，赤道低气压带使气流下沉，不易散热，更加剧了该地区的炎热程度。

那么世界上最热的地方肯定在赤道上了！其实，世界上最热的地方不在赤道上。查看一下世界气象的记录，在亚洲、非洲、大洋洲和南北美洲一些远离赤道的大沙漠，白天的气温竟比赤道地区热得多！最高温度达 55 摄氏度呢！中国的戈壁沙漠，白天最高温度也达 45 摄氏度。是不是很神奇？

21. 为什么炎热的赤道地区也有雪山

地球上的赤道地区，是不是终年炎热的地方？你可能想不到这里竟然也会有终年积雪的高山。非洲东部的坦桑尼亚东北部的乞力马扎罗山，是非洲的第一高峰，虽然位于赤道上，但是海拔近6000米，山顶常年被积雪覆盖，成为赤道地区的一大奇观。南美洲的科托帕克希火山位于赤道上，属于安第斯山系，是赤道上的最高点。该山4700米以上终年积雪，东坡因为迎着来自大西洋的信风，雪量大，积雪较厚。

以上的两个例子说明，赤道地区出现雪山的现象绝非偶然。那么，为什么炎热的赤道地区也会有雪山存在呢？

我们在爬山时就可以感受到，山上要比山下冷。而且山越高，山顶的气温越低，上下温差越大。气象观测表明，在1.2万米高度以下的对流层内，气温随高度的增加而降低，一般每增高1000米，气温约下降6摄氏度。乞力马扎罗山顶气温要比山脚低近30摄氏度，在零下10摄氏度左右。这样看来，赤道地区出现雪山也就不足为奇了。

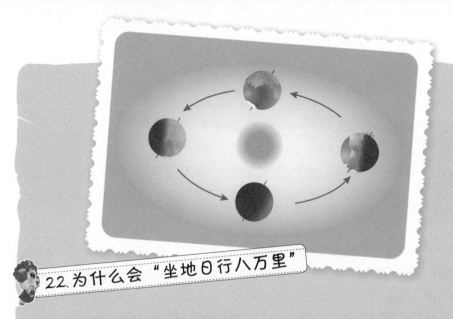

毛泽东在《送瘟神》中这样写道:"坐地日行八万里,巡天遥看一千河。"本义是指人坐地不动,就可以每昼夜随地球运行八万里路程。那么为什么会坐地日行八万里呢?要回答这个问题就要从地球的自转说起。

地球时时刻刻都在自转,自转一周约 24 小时,而地球赤道长度为40075 千米。这样算来,如果一个人在地球的赤道上,即便站着不动,也可以"行走"40075 千米,而 1000 米等于 2 里,这不就是"坐地日行八万里"吗?当然,前提是你要坐在赤道某地,否则就达不到八万里了!

那么如果人们不是站在赤道上,是不是一天就不能够运行八万里了呢?答案是肯定的:我们离赤道越近,一天内"行走"的距离越长;离赤道越远,一天内"行走"的距离越短。当你站在地球的北极点和南极点上,那么运动的距离就为零了。

人类赖以生存的地球如此奇妙。其实,除了自转外,地球还在不停地围绕太阳公转。公转速度为每秒 3 万米。你可以算一算,地球一天公转多少米?地球除了自转和公转外,还被太阳带领着围绕银河系的中心高速运动。所以,即使我们坐在家里一动不动,也在不停地运动呢!并且参照不同的参考系,我们运动的距离也在时刻改变呢!

23. 为什么人感觉不到地球在动

我们乘车时，不用多加观察就能感觉到车在快速移动。可是我们同样身处一直运动着的地球，却难以觉察到它的运动。要解决这一疑问，先要谈谈乘车。

假如你在一辆高速行驶的汽车上，忽略汽车发出的声音，你是如何感受到汽车在行驶呢？因为你能看到窗外的景物，景物相对于车辆在高速地向后退，而车辆相对于景物在高速前进。而在地球上，看到的都是地球上的景物，除了看到太阳、月亮、星星等天体，根本看不到地球以外的参考物，而太阳、月亮、星星离地球非常远，即使地球飞快旋转，我们也感觉不到星体的变化，所以人就感觉不到地球在转了。在物理学中，这是一个参照物的选择问题。

还有关于速度的问题，万有引力提供了人与地球间的压力，压力会产生摩擦力，摩擦力使一切事物都加速运动到地球运转的速度上，于是人与万物就和地球一起运动。比如电梯在启动和停止的瞬间，乘客都能明显感觉到电梯的运动；但在电梯上升或下降速度一定的时候，往往不容易察觉电梯的运动。人站在地球上就有点类似于人站在处于上升或下降途中的电梯中一样，因为两者的运动速度的大小和方向都一样，于是便有了相对静止的感觉。

以上内容能充分说明为什么人感觉不到地球在动，我们在乘坐其他交通工具时也能借鉴这个解释。例如，想一想怎样用乘船问题来解释它！

你有没有过这样的疑问:我们站在地球上某个地方向四面眺望,看起来地球就是一个平面。地球这么大,人们是如何发现它是球形的呢?

其实,在很长的一段时间里,人们都认为自己居住的地球就是一个平面。中国古代学者提出有著名的"天圆地方说",把天空比喻成一个穹顶,像盖子一样安放在地面上。世界上其他地区也有人提出过相似的理论。在古人的想象中,"世界是平的"成为一个"真理"。

不过,总有一些杰出的研究者通过不懈的观察和推理,去挑战所谓的"真理"。公元前 5~6 世纪,古希腊著名的哲学家毕达哥拉斯认为地球是球形的,因为他认为在所有的几何形体中,只有球形是完美无缺的。但这只是他个人的一种假设,并没有科学依据。随后,著名学者亚里士多德在观察月食时,发现月亮上地球的阴影是圆形的,据此给出了地球是球形的第一个科学依据。公元前 3 世纪,古希腊天文学家艾托拉斯特尼在地球的两地设置了观测点,根据正午时候太阳光射向这两地时不同的角度,第一次计算出了地球的周长。

中国唐代著名高僧张遂(法号一行)曾主持过天文测量大会,根据北极高度和夏日的日长计算出了地球的周长。

葡萄牙著名航海家麦哲伦于 1519~1521 年率领船队首次环绕地球航行。虽然他死于与菲律宾当地部族的冲突中,没能亲自完成环球航行,但他领导的船队在他死后继续航行并回到了欧洲。这次环球航行实践证明了地球确实是球形的。

小华和小可一起在操场上踢足球，每当足球划过高高的天空之后都会落在地面上。小华看着足球想到，地球是近似球形的，为什么足球不会被我从地球上踢出去，飞到太空去呢？而我们站在圆圆的地球表面，为什么不会从地球上掉下来呢？

小华回家就向爸爸提出了这个疑问。爸爸告诉他说："这是因为地球有地心引力，地球上的所有物体都受到地球的引力，方向指向地心。宇宙中任何事物只要有质量，就是相互吸引的。月球之所以不会飞走，是因为地球与之相互吸引，它们之间的引力提供向心力。也是因为这样的原理，我们才不会从地球上掉下去，而踢上天空的足球最后还是会乖乖地落回地面上。"

"原来是这样啊！"小华茅塞顿开。爸爸又接着说："伟大的科学家牛顿就是通过一个苹果的掉落受到启发，进而最早发现万有引力的。1665 年秋季，牛顿坐在苹果树下思考。这时，一个苹果恰巧落在牛顿的脚边。这个理所当然的落地现象引起了牛顿的注意。牛顿从中找到了苹果下落的原因——引力的作用，这种来自地球的无形的力拉着苹果下落。"

26.地球上为什么会有白天和黑夜

钻研的飞飞在爸爸的指导下做了一个科学小实验,它能证明地球为什么会有白天和黑夜。他们准备好了必要的实验器材:一个地球仪,一把手电筒。之后就开始做实验了。

首先,他们把房间里的电灯关掉,模拟没有阳光的太空情景。这时,飞飞把手电筒打开,把光束对准在地球仪上,就像太阳的阳光照在地球上一样。飞飞发现,地球仪面朝灯光的一面是光亮的,由于地球仪是不透光的所以背朝灯光的一面是黑暗的。飞飞又开始慢慢转动地球仪,这样的现象发生了:随着地球仪的转动,原来亮的地方慢慢变黑了,而原来黑的地方却逐渐变亮了。

爸爸解释说,在太空中,太阳射出来的光线照到地球上,就像实验中手电筒的光线照在地球仪上一样。太阳是太阳系的中心,不停地发出光和热。地球围绕着太阳旋转,被太阳照到变得明亮的地方,被称为白天,没照到的地方就是黑夜。这就像手电筒的光只能照到地球仪的一面一样,地球上同一时间,只有一部分是白天,另一部分则是黑夜。地球和其他星球一样,也在不停地旋转。地球总是朝着同一个方向转动,每24小时恰好转动一圈,所以我们居住的地方会在一天24小时里出现白天和黑夜交替的现象。

这个实验很简单,快来尝试一下吧。

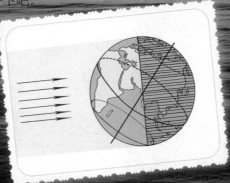

27.地球上为什么会看到太阳东升西落

地理课上老师给大家讲到关于太阳的知识，老师说："太阳是一个大火球，是一颗恒星，理论上认为，它是不会运动的。"媛媛思考一番后立马举起了自己的小手。"媛媛，你有什么问题吗？"老师和蔼地问。"老师，您刚才说太阳是不会运动的，我觉得您说得不对，太阳明明每天从东方升起，又从西方落下。太阳肯定是一直在运动的，您为什么说太阳是不会运动的呢？"

"媛媛的问题提得非常好，有没有哪位同学可以帮她解答一下？"老师又问。这时，被班里同学称为"小博士"的冉冉举起了手："老师，我在课外书上看到过这个问题，我可以给媛媛解答。"说着就解释起来："其实地球除了绕太阳公转外，还自西向东自转。人类生活在地球上，往往感觉不到地球的公转和自转，而是觉得所有的天体都是自东向西围绕地球转。人们总觉得太阳从东方升起，西方落下。而事实却是，地球的自转给人类造成了天体都是围绕地球转的错觉。此外，在北半球的夏季时，全球各地（除赤道和极点外）太阳看起来都是从东北方向升起，在西北方向落下；在北半球的冬季时，全球各地（除赤道和极点外）太阳则看起来是从东南方向升起，在西南方向落下。只有在春分、秋分两日，全球各地太阳才是从正东方升起，在正西方落下的。"

28.为什么太阳东升西落的位置会有变化

人们总是爱说，太阳每天都是东升西落，永恒不变。实际上，这样的说法是不严谨的。太阳并非每天都是从正东方升起，然后从正西方落下。事实上，太阳东升西落的位置并不是固定的，而是按照规律变化。当太阳直射北半球时，除极夜区域外，南北半球都看到太阳从东北方向升起、从西北方向落下。当太阳直射南半球时，除极夜区域外，南北半球都看到太阳从东南方向升起、从西南方向落下。其实，只有在春分、秋分时，太阳直射赤道，太阳看起来是真正地东升西落。那么，究竟是什么原因造成太阳每天东升西落的位置会有变化呢？

天上星体的东升西落是地球自转所引起，但是每天太阳位置的变化是地球公转所引起的，我们已经知道地球由西向东绕太阳公转，但在地球上看太阳，相对地就会觉得太阳在自东向西运行。又因为黄赤交角的存在，地轴倾斜23.5度，使得每年春分、秋分时，太阳会经过黄道和赤道的交点，这时太阳升起于正东方，从正西方落下，春分过后太阳向北移动，直到夏至时，到达最北端，这时太阳升起于东北方，从西北方落下。秋分过后，太阳南移，直到冬至时，到达最南端，这时太阳升起于东南方，由西南方落下。太阳这样南来北往一回复，就造成我们每天看到太阳东升西落的位置发生改变，在天空中的高度和方位也随之发生改变。

29.为什么地球上会有季节变化

季节的变换给大自然增添了无数色彩。大自然就像一幅五彩缤纷、千变万化的水彩画，铺展在我们面前，让我们尽享她的美丽。你有没有想过，为什么我们能够看到这些美丽的四季景色呢？

地球上的光照来自太阳，地球上的某些地区会出现太阳直射现象。当太阳直射北半球时，我们生活的北半球就会出现白天比黑夜长的现象。白昼长于黑夜，接收到的太阳光热就多。北半球的夏季是接收太阳光热最多的时候。相对地，当白昼短于黑夜，接收的太阳光热少的时候，冬季就来临了。春、夏、秋、冬四个季节就是随着地表接收太阳光热多少的不同产生的。值得一提的是，南、北半球的季节是相反的，北半球的夏季恰好是南半球的冬季。

然而，并不是地球上每个地方都会有四季变换的。地球上有热带、寒带和温带。热带地区常年炎热，大部分为热带雨林气候，只有雨季和旱季。而寒带地区一年四季都是冰天雪地。只有温带地区才有明显的春、夏、秋、冬四个季节，才可以欣赏到四季的美景。我们国家大部分地区处在北温带，所以大部分地区是会有季节变化的。

30. 为什么地球上海拔越高，温度越低

在同一座山上，山脚绿树成荫，山顶却冰天雪地，有的甚至被厚厚的雪覆盖。海拔越高，气温越低。在同一个地区，气温应该相差不大。为什么在同一座山上会出现海拔越高，温度越低的现象呢？

地球的大气分为 5 层，分别为对流层、平流层、中间层、暖层和外层。我们生活在最底层对流层中，对流层有一个特点，即海拔越高的地方温度越低。因为对流层中大气的热量是地面辐射供给的，太阳光照射在地面上，被地表吸收，然后地表又放出热量，所以在对流层中海拔越高的地方温度越低。平均每升高 100 米温度下降 0.6 摄氏度。

对流层的上面是平流层，平流层的气温是随着海拔的增加而升高的，因为这层大气的热量来自平流层中的臭氧吸收的太阳辐射，臭氧浓度高的地方，大气温度就高。但是地球上没有一座山能达到臭氧层。

此外，千万别以为海拔越高就离太阳越近，所以温度越高。太阳与地球之间的距离是用天文数字描述的，太阳的光热到达地球后，不会因为这一点点海拔就有大的差别。

31. 指南针为什么会指南

中国古代著名的四大发明，包括指南针、造纸术、火药和印刷术。这四大发明相继流传到世界各地后，对世界科技文化的发展产生了深远影响，是中国对世界文明的巨大贡献。指南针是一种具有多种形体的指向仪器。宋代科学家沈括在其《梦溪笔谈》中记载了制作指向用的磁针的方法。后来，又发展成罗盘，将磁针和方位盘结合成一体。早在北宋后期，指南针就用于航海。南宋时，开始有人使用罗盘导航。

指南针的发明，极大地促进了海上交通的发展和经济文化的交流。当船队在茫茫大海中航行时，周围没有固定的物体进行参考，很难辨认出正确的方向，有了指南针以后，就能够方便辨认正确的方向了。

那么指南针为什么能够指南呢？是什么原理让指南针能够准确地指出方向呢？

其实，地球本身就是一个巨大的磁体，其地磁南极在地理北极附近，地磁北极在地理南极附近。在古代，人们根据磁极之间同名磁极互相排斥，异名磁极互相吸引的规律，用磁针制作出了罗盘，也就是我们现在所说的指南针。指南针的南极与地磁的北极互相吸引。

32.什么是地磁场

你有过玩磁铁的经历吗？把两块磁铁靠近，它们就会自动吸在一起，分也分不开，这都是磁场在起作用。磁场是一种看不见摸不着的特殊物质，它存在于磁体周围，"同性相斥，异性相吸"就是靠磁场实现的。

地球本身就是一个巨大的磁体。任何磁体都有磁性相反的两个磁极，我们通常把它们叫作南磁极和北磁极，不同的磁极相互吸引，相同的磁极相互排斥。试着把地球想象成一个大磁铁，在北极附近有一个南磁极，在南极附近有一个北磁极。因此，指南针的北磁极可以和地球的南磁极相吸引，所以，指南针上标着"北"的一端就会指向地球的南磁极，也就是地理方位上的北方了。

值得注意的是，地球的北磁极、南磁极和地理的南极、北极并不是完全重合的。南磁极和北极、北磁极和南极之间，分别有一个夹角，常常叫作地磁倾角。所以，指南针上指的北，并不是地理上的正北，而是有一定偏差的。不过，地球的体积是这么庞大，而地磁倾角又很小，这么一来，这点误差可以看作是微不足道的。因此，如果你迷失了方向，可以放心地使用指南针，来帮助你找到方向。当然，地理的南极、北极和地磁的南极、北极可是不相同的哦，请一定分清楚。

33.地球上为什么有重力

地球重力其实是万有引力的一种表现。牛顿通过树上掉下的一个苹果产生了疑问：为什么苹果往下掉落而不是飞上天去呢？别小看这一小小的问题，牛顿对它的研究让人类的科学进程向前迈进了一大步。此后地球重力成为科学界研究的重要问题之一，科学家通过一系列的研究最终明白了地球重力是如何存在的。

两个原子之间存在吸引力。这可能较难理解，可以想象两个球体来帮助理解。两个很小的球体，都是由无数的原子集合而成，它们之间即存在引力。当球体逐渐增大，球体之间的引力也随之而增大。像地球这样大的球体，其引力之大可想而知了。地球和地球上的物体相互吸引，地球重力就是这样相互吸引的力。

由于吸引力的大小取决于物体的质量，如果要改变地球的重力，就必须改变地球的质量。由于短期之内地球质量不会发生较大变化，所以地球的重力也将保持稳定。

牛顿

34. 为什么水往低处流

波澜壮阔的黄海，水平如镜的西湖，气势磅礴的黄河，波涛滚滚的长江，它们都在不停地流动着。有句谚语叫作："人往高处走，水往低处流。"水往低处流是一种自然现象，你有思考过为什么水总是从高处流向低处的吗？

一般情况下水源是在高山上，水有一定的体积，但没有形状，所以具有流动性。如果水活动的区域存在高低落差的话，水就会不停地流动。唐代诗人李白在《将进酒》曾写过："君不见黄河之水天上来，奔流到海不复回。"就是描述水在不停地从高处向低处流动的现象。地势高低影响水的流动，其本质原因还在于地球引力，在地球引力的作用下，水受到方向向下的重力作用，就从比较高的地方流向比较低的地方。

下面我们再来思考一个问题：地球上是不是所有的水都是从高处流向低处呢？答案是否定的。抽水机管道里的水受到外力作用就会向高处流。从另外一个角度看，气态的水蒸气也是水的一种形态，水蒸发成气体后流向高空进而再循环。还有一个生活中的小现象，我们在吸墨水的时候，在大气压作用下，墨水会被吸入钢笔上端的胶囊里，也是"水往高处流"呢。

在我们的日常生活中，奇妙的现象还有很多，用善于发现的眼睛去探究吧！

35.地球如果没有重力会是什么情况

地球重力是无时不在、无处不在的，始终如一不会变化，大家对此都习以为常。但设想一下，如果地球失去了重力，整个世界将会变成什么样子？地球重力对人类来说意味着什么呢？

如果地球真的没有了重力，人类就会像突然有了超能力，飞离地球飞向宇宙。地球引力消失以后，人、家具、汽车，甚至那些在你桌上的铅笔和纸张等，都会突然间像失去了留在地球上的理由，成了无根之物，开始随处飘浮。还有我们赖以生存的两样必要的东西——空气和水，它们同样都是靠地球重力才覆盖在地表上的。地球没有了重力，所有的水分都将逸散到太空中。空气也将会逃逸到太空里，大气层不复存在，再也不能保护人类不受宇宙辐射侵袭的危害。月球就是一个很好的例子。因为月球上的引力只有地球重力的1/6，不能留住空气形成大气层，所以月球上面几乎是真空。没有了空气，不仅人类无法呼吸，所有的生物都将灭亡。

地球重力对人类来说是十分重要的，虽然我们看不见摸不着，甚至意识不到它，但我们不能离开它，也经受不起它有任何大的变化。

36. 什么是季风

你有没有发现：每到夏天，天气预报上总是会说，南方某地出现强降雨，造成洪水泛滥；而到了冬天，又会在天气预报上看到，北方某地出现大幅度降温，带来暴雪灾害等。那么，这些季节性的天气现象和自然灾害的罪魁祸首是谁呢？那就是季风。

季风是海洋和陆地之间大范围吹拂的风，因为风向会随着季节变化而有规律地改变，所以被称为"季风"。对中国来说，每年夏天常常会有来自太平洋的东南季风光临，而冬天，则会有来自西伯利亚地区的西北季风。但是，为什么不同方向的季风会带来不同的天气呢？原来，夏季风因来自海洋，含有充足的水汽，具有湿润的特性，所到之处便会形成降雨。如果某年夏季风的水汽特别充足，势力格外强劲，就难免在所到之处造成暴雨灾害。相比之下，冬季风来自亚欧大陆深处，靠近北极的高纬度寒冷地区，具有寒冷干燥的特点，吹到中国就会带来降温，甚至暴雪霜冻灾害。

现在，我们已经清楚了季风是什么，有什么本领。那么，季风是从哪里来的呢？

地球表面分布着很多陆地和海洋。像我们人发烧和退烧一样，陆地和海洋都会随着全球气温的变化升温和降温。陆地升温、降温的速度快，海洋升温、降温的速度慢，这就使得海洋和陆地之间温度变化不均衡，出现了温度差异。一旦温度差异出现，季风就产生了。

　　是什么原因让地球如此特殊，成为目前已知的唯一有生命存在的星球？是偶然的原因，还是特殊的眷顾？在太阳系中，火星与地球是如此相似，但为什么没有生命存在？对了，因为火星上没有水！水是生命之源。有了水，地球就有了生命生存的基础。那么，地球上有多少水呢？它都以哪些形式存在？比如雨，比如雪，比如……

　　地球从诞生生命之初到现在，一共有多少生物存在过？最早的生物是什么？是高大的恐龙，还是美丽的水母，还是另有其他呢？我们的祖先最初发源于地球的什么地方？曾经存在过的文明发源地又被埋藏在哪里了？……

第三章

人类生命的摇篮——地球

37.为什么地球上会有生命

人们常说地球是"生命的摇篮",在人们的印象里,地球的每个角落几乎都有生命存在。但是在浩瀚的宇宙中,并不是所有的星球都存在生命,科学家们至今还没有发现除了地球以外第二颗存在生命的星球,可见我们生活的地球是多么的珍贵。

为什么地球上会存在生命呢?有下面几个重要的原因。

(1)水的存在。水是生命之源,水能够溶解物质,地球在形成之初,很多原始的有毒物质正是因为水的溶解作用才失去了毒性,慢慢累积变化,成为有机物。水能运输物质,在生命体内,也起着运输营养物质和排除毒素以及有害物质的作用。地球上有了水,才有了生命的起始。

(2)适宜的温度。地球与太阳的距离适中,使得地球的整体温度适宜生命的存活。过高或者过低的温度都不利于生命存活。日常生活中,我们就能体会到这一点:天气热的时候,我们喜欢吃冰激凌降温,防止中暑;天气冷的时候,我们穿上厚厚的棉袄,防止冻伤。所以适宜的温度是生命存在的必要条件。

(3)厚厚的大气层。就像我们下雨或者大晴天撑的伞一样,大气层包裹着我们美丽的地球母亲,抵御着各种宇宙射线和陨石的攻击。大气层还对全球的气流流转起着至关重要的作用,而地球能保持相对稳定的温度,也要归功于厚厚的大气层。

(4)稳定的宇宙环境。我们的地球处在一个相对安全稳定的宇宙环境中,地球附近的行星各自运转在专属的轨道上,互不干扰,且地球附近的星际空间相对很大,受到外太空物体干扰的概率十分低,这也保证了人类的安全。

38.人类会一直居住在地球的表面吗

自古以来，人类都居住在地球的表面。随着现代科技的进步，人们已经不满足于仅仅在地表活动。科学家们将眼光投向了地表以外的地方，告别世代生活的地方，去找寻另外一番天地，已经不仅仅是空梦。

（1）深海。地球有71％以上的面积都是海洋，但是人们对海洋的了解还只是处于浅海的阶段。越来越多的国家都开始对深海领域进行勘探和调查，那里有着丰富的资源和非常安静的环境。只是因为强大的水压的存在，人们对深海的研究进展很慢。但是科技总是不断进步的，总有一天，居住在深海不再是梦想。

（2）地心。诸多研究表明，地球并不是完全实心的，由于各种各样的地质活动，地球本身存在着很多很大的缝隙。或许有一天，地表不再能够满足日益膨胀的人口，人们搬去地心定居，也不是不可能。

（3）大气层。飘浮的房屋，我们可能在童话中听说过。随着人口的不断增长，以及地表环境的不断恶化，人们想住进"飞屋"的想法由来已久。我们有理由相信，科技的曙光会照亮我们未来美好的生活。

（4）外太空。人类不断派出各种各样的宇宙飞行器探索外太空，探索宇宙之余也想寻找一个适宜人类居住的星球。未雨绸缪，在未来的某一天，地球的生命终会走到尽头。或许，外太空的某个地方正是人类未来的最好归宿。

39.地球上为什么会有水

炎热的夏天，小朋友们都喜欢去游泳，或者在河边玩耍。水给我们带来巨大的享受和精神愉悦的同时，也是生命得以生成和存活的必需品。地球上的水从何而来，地球上为什么会有水呢？

对于地球上水的形成，科学家们有着不同的观点。

一种观点认为，地球在形成之前就有水存在了。地球形成之前，只是一片混沌物质，叫作星云。星云慢慢在引力的作用下凝聚，形成了地球。而这些星云中，还有原始的水分，所以，随着地球的产生，水随之就产生了。

还有一种观点认为，水产生在地球形成以后。地球形

成时，本身含有各种元素，其中的氢元素和氧元素经过日积月累的反应和变化，逐渐形成了原始的水。这两种元素不断地反应，水也就越积越多。

更为普遍的说法是，地球上水的主要来源是地表以下的地幔，其中的岩石含有硅酸盐和水分。这些岩石在一定的温度和适宜的条件下脱水，从而形成了地球上的水。那时的地球，火山和地震爆发频繁，从而加快了水的形成。有研究表明，因为地球内部高温，地球的水还在不断增加。

40.地球上有多少水

地 球上的水有多少呢？能不能计算呢？

在夏威夷有个叫麦克莫泰的海洋学家，一直都在努力尝试着测量地球上究竟有多少水。他首先计算海洋中的水，他把地球上所有海洋组合在一起计算，再计算所有的河流、湖泊，无论大小。又计算大气中的水分、云朵中的水分、空气中不可见的水汽等。然后，计算藏于地表之下的地下水，包括地下湖、地下蓄水层、地下河。但是计算完这些依然没有结束，地球内部的水怎么计算呢？

在地表以下的部分，有很大一部分水藏身于云母等岩石中，一旦条件合适，这些水会随着地质运动散发出来。那么，地表以下的水究竟有多少呢？这是一个巨大的数字，据麦克莫泰估计，位于地表以下的上地幔约含有世界海洋水的1/5，而下地幔则含有世界海洋水的将近两倍的水。至于位处地心的地核，由于目前受科技水平所限制，无法测算。

地球也可以说是一个水球，如果从外太空俯瞰，地球是一颗被蓝色包裹着的美丽星球。它所承载的水资源，很难用数字来概括。也就是说，人们只能粗略地估算出地球的含水量，因为这个数字，实在是太难以想象了。

41 地球上的雨从哪里来

我们仰望天空时，经常会看到美丽的白云。你有没有想过，这些飘浮在天空的云朵，跟下雨时落在我们头顶的小雨滴有什么联系吗？

天空之所以会下雨，主要是因为地面上的水受热，蒸发为水蒸气，到达空中温度降低，以空气中不可见的小灰尘为核心，慢慢凝结成小水珠，小水珠再结合形成大水珠，大水珠大到空气无法承受时，就会落下来，在落下来的过程中，又结合另外的水珠掉落地面，这也就是我们所说的下雨。所以，简单来说，雨就是云形成的。

在水云中，云滴需要变大成为较大的水珠才能下落为雨。云滴通过继续凝结和相互碰撞、结合，才会变大。因而，云朵中的云滴想要成为雨滴，取决于云自身的状况。云朵浓厚，含水量大，云滴才浓密，才能继续凝结变大；水云中还需要有比较强的垂直运动，这样才能增加云滴多次碰撞结合的机会。而水云较薄，状况稳定，云滴难以变大，可能会出现多云、阴天，但很难形成雨天。

你知道为什么下雨之前总是乌云密布了吗？正是有了这些乌云，地球上才有了雨。

42. 地球上的雨到哪里去

我们知道了雨的来历，那么，下雨时落下的那么多雨水，都跑哪儿去了呢?

雨水落到地面以后，一般会先形成水流，汇入河流，或者流进低洼处，如水库、湖泊、鱼塘等。如果地面未硬化的话，比如一些农村地区，下雨时，雨水会下渗到土地中一部分，流走一部分，也会被植物或者动物吸收掉一部分。等到太阳出来，热量又促使一部分水分蒸发，重新回到空气中。下雨后道路变得泥泞，湖水水位上涨，河流也变得湍急，土地变得湿润，就是这个道理。如果地面已经硬化，例如城市中，下雨时雨水无法下渗，只能顺着地表流动，然后再进入下水道流走。但是如果出现过大的雨，造成下水道阻塞，那么个别地方就会出现很深的积水。从下水道流走的水，会被排入河流，最终进入海洋。一些未被及时排走的雨水，会随着温度的上升，慢慢蒸发，再次回到空气中。

这样，不断有水蒸发升空，形成水云，在适宜的条件下，水云不断集结，再次变成雨滴降落到地面。地表的水和空中的水就形成了不断的循环。水的循环对人类很多的生产活动都有所帮助。

43.为什么地球上有空气

宇航员在太空中总是穿着厚厚的宇航服。之所以这样做：一是因为抵御过低或者过高的温度，以及各种对人体有害的射线；二是宇航服是一个整体，提供给宇航员足够的空气，宇航员才能在其中自由呼吸。

空气对人类的重要性不亚于水。没有空气，人类就不能呼吸，一旦失去了呼吸，生命就不可能继续存活下去。空气中还有氧气，是我们赖以生存的必需品。那么，地球上的空气，究竟来自哪里呢？地球上为什么会有空气呢？

地球在形成初期，火山不断喷出大量的气体。地球上的物体都受着地球的吸引力，这些气体也是如此，它们在地球重力的作用下聚集在地球的周围，形成原始大气圈。这些气体中富含水、二氧化碳、一氧化碳、氨气、甲烷等。其中的水蒸气，不断受到太阳射线的作用，逐渐分解出氢和游离的氧。又经过一系列的复杂化学变化，这些气体中的氧元素多了起来。此外，在大气圈的上层，一些氧元素越积越多，逐渐形成了今天我们所说的臭氧层，保护着我们免受宇宙射线的强烈干扰。就这样，经过不断的演化，原始的气体变得越来越适宜生物生存，也就慢慢形成了现在的空气。

我们无时无刻不在呼吸，空气质量的好坏直接影响着人们的身体健康，所以保护大气不受污染是每个人都应有的责任。

44.地球上最早出现的生物是什么

小明跟爸爸游览地质博物馆的时候，对恐龙化石产生了浓厚的兴趣。爸爸跟小明解释说，恐龙很早就在地球上灭绝了。小明问爸爸："那恐龙应该就是地球上最早出现的生物吧？"爸爸摇了摇头："地球上出现恐龙之前的很长一段时间里，就有生命存在了。"

"大约在36亿年前，地球上最早的有生命的细胞就产生了。在46亿年前，银河系内发生过一次大爆炸，散碎的物质经过漫长的凝结，大约在46亿年前形成了太阳系，地球也在此时形成了。地球的原始形态是熔融态，也就是类似于固液混合的状态。这个时期，地球是不具备产生生命形式的条件的。又经过将近8亿年的演化，地球上终于形成了稳定的陆块。至此，生物的演化开始了。目前依旧存活在地球上的古细菌和甲烷菌，可能最为接近地球上最原始的生命体，它们靠化学物质自给自足，跟地球上最古老的生物十分类似。在澳大利亚的西部，有一处叫作瓦拉伍那群岛的地方，科学家在此发现了最早的生命证据——35亿年前的微生物。

这些生物最初生活在原始海洋，经过数亿年的演化，它们中的一部分开始走上陆地，一部分留在海洋中继续演化。如今大自然中各种各样的生命形式都源自这种古老的生命体。"

听完爸爸的解释，小明感觉很神奇，原来包括人类在内的所有生命都源自那么小的生命体的演化。

45.地球上有多少种生物

以前，人们对自然界的了解非常有限，对已知生物的分类，只是简单地概括为：动物和植物。随着科学发展和知识进步，人类对大自然的了解一步步深入，对生物的分类也变得更详细和具体。

生物在当今科学的定义下，可分为五大类。分别是植物、动物、真菌、原生生物、原核生物。那么这些类别的生物，加起来总共是多少种呢？科学家给出的答案是：就目前而言，地球上已经被定义、命名的生物约有1000万种。科学家们还预测，地球上至少还有1000万种生物未被定义、命名，甚至尚未被人发现。至于这些生物一直未被发现的原因，科学家解释说，此类生物的生活圈与人类的活动区域交集甚少，只是栖息在固定的小区域。

此外，各种生物已经在地球上生存了至少30亿年，很多科学家认真研究后推断，在这漫长的岁月里，至少也有1亿的物种曾经生活在地球上，这其中包括多数的古生菌类、原生生物类、低等动物类以及低等植物类。

综上所述，地球上约有1000万种已知生物、约1000万种未知生物，以及约1亿种已经消失在自然历史的长河中的生物。这样估算一下，自地球形成至今，共计产生了大约1.2亿种生物。这是一个多么庞大的数字！

46. 人离开地球还能不能生存

小雨特别喜欢读《西游记》。他尤其喜欢其中的孙悟空，觉得孙悟空飞得又快又高，一下子就能飞到月亮上。于是，他就想象，自己能不能有一天也像孙悟空一样，离开地球，飞到别的星球去。小雨好奇地问了老师这个问题。老师对他说："现在人类只能将少数的人送出地球，并且在地球以外只能待特定的很短的时间，然后就得重新回到地球。"

早在20世纪60年代，美国宇航局就成功地把宇航员送上了月球，并且安全返回。这件可以载入人类史册的大事，给人们对未来的外太空生活带来无限遐想和希望。科学家预测，在100年内就有可能转移一部分人类，送到火星或者木星的卫星上生活。太空移民的难点是如何开发理想的能源，建造适宜人类居住的环境。当然，目前的科技只能最多将宇航员送至地球以外的空间站，生活短短的一段时间。但是随着科学技术的不断进步，人类的智慧和劳动会战胜各种困难，以实现人类自古以来就有的梦想——搬进太空！

全球每年出产大量的汽车、飞机、轮船，以及全球70多亿人口所需的粮食和货物等，而且人口也在不断地增长。有的小朋友会问，地球上的东西好像越来越多了，那么地球会不会变得越来越重呢？

想要弄清楚这个问题的答案，你得先了解关于物质循环的知识。在自然界中，物质循环是很常见的。很多小朋友都养过花草，种过小树，每当春天来的时候，它们就会长出新的叶子、开出新的花朵，而秋天到了的时候，花和叶就会凋谢、枯萎，最后落到地上，腐化进入泥土。周而复始，物质就这样一次次地随着时间循环着，不增也不减。同样的道理，现实生活中，生产所用的原料都来自地球，人们不过是利用科技把它们转变成便于人类使用的东西。所以整体来说，地球上的物质并没有减少或者增加，只是进入我们视野的物质变多了，给我们的感觉好像地球上的东西变多了似的。而说到人口的不断增加，其实也归属于物质循环的范围，你可以把人的生

死同样理解为物质的转化。经过这样的解释，你应该能理解地球为什么不会变重了吧。

讲到物质的循环，就不得不提垃圾的分类和管理。大家在生活中，应该分清楚哪些垃圾是可以回收利用的，而哪些垃圾是不能回收，只能掩埋或者烧尽的，只有做到正确地分类垃圾，才能更好地节省材料和能源。

48.地球上著名的文明发源地都有哪些

中国的文化起源很早，是四大文明古国之一。作为地球上最早的文明发源地之一，中国对世界文明的发展做出了巨大的贡献。那么，地球上其他的文明发源地呢？它们在哪个位置，又为世界文明做出了什么样的贡献呢？

四大文明古国是流行的对世界四大古文明的概称，它们分别是古巴比伦文明、古埃及文明、古印度文明和古代中国文明。它们分别对应着世界文明的四大发源地，即两河流域、古埃及、古印度、中国这四个人类文明最早诞生的地区。

两河流域：古巴比伦文明位于今天的伊拉克一带，是历史最悠久的古代东方国家之一。根据大量的考古发现：约在公元前4000年，居住在这一带的苏美尔人就已经拥有较为发达的文化。他们不仅发明了文字，还发明了用于书写文字的泥板书。公元前3500年左右，苏美尔人在此建立了很多小国。公元前18世纪，古巴比伦国王汉谟拉比还制定了一部法典，史称《汉谟拉比法典》，它是世界上现存的最早的一部完备的成文法典。

古埃及：从公元前5000年的塔萨文化到公元641年阿拉伯人征服埃及的一段时期，古埃及文明流传在尼罗河第一瀑布至三角洲地区。狮身人面像、金字塔、神庙等，这些古埃及建筑都能说明古埃及人的智慧和想象力，其中一些技术至今都难以做出合理科学的解释。

古印度：古印度文明位于今天的印度和巴基斯坦等地，异常丰富、玄奥、神奇，深深地吸引着世人，对亚洲各国包括中国的文化产生过十分深远的影响。古代印度在文学、哲学和自然科学等方面都留下了丰硕的成果，其中最显著的是其宗教。

中国：中华文明是世界上仅存的古文明遗留，中国古代的四大发明，即指南针、造纸术、火药、活字印刷术，给世界文明的进步与发展做出了巨大的贡献，影响了世界的历史。作为中华儿女，我们应该把中国文化继续发扬和传承下去，让华夏文明继续在人类历史上发光发亮。

49.恐龙为何会从地球上灭绝

老师给同学们讲了关于恐龙是如何产生并一步步变为地球上的霸主的知识，并且在结束语里提到强大的恐龙到最后还是难逃灭绝的厄运。小红对这节课的内容非常感兴趣，回到家的时候，她又上网查询了关于恐龙灭绝的资料。

在 7000 万年以前，恐龙是地球上绝对的霸主，那时的地球上，包括陆地、海洋和空中，到处生活着恐龙。但是，在地球上生存超过数亿年的恐龙在几千万年之前却突然神秘地消失了。科学家经过研究，大多数认为是小行星撞击了地球，致使灾难突然发生，恐龙几乎是瞬间就从地球上消失了。行星撞击地球既让一部分恐龙直接死亡，又使得地壳变得非常不稳定，各种地质灾害频繁发生，空气中都是有毒物质，植物相继死亡，恐龙的食物越来越少，最终灭绝；也可能是当时的地球气候发生了骤变，变得非常寒冷，不适宜恐龙生存。过低的温度也造成了其他动植物的大量灭绝，缺少食物供给的恐龙只能自相残杀，最终灭绝。

小红觉得通过了解恐龙灭绝的知识，可以提高人类的警觉性，让人类更多地思考如何应对突发灾难的发生，避免悲剧的重演。你觉得呢？

50. 地球所能承受的人口总量是多少

随着人口数量的不断增加，地球越来越不堪重负。很多人都担心，会不会有一天，人口数量超过了地球所能承受的范围，最终导致灾难性问题的产生。对于这样的问题，科学家给出的答案还是非常乐观的。

据一些科学家估测，地球最多能承受 100 亿至 150 亿人口，这个数字来自农业生产与人类所需以及资源利用之间复杂的数学计算。因为人类的生存离不开粮食，农业生产却又不能无限地满足人类的需求。同时，农业生产实际上占用了大量的资源，包括水、矿物和劳动力。这说明，人口无限制地增长，粮食与资源的供给是无法跟上的。

地球上究竟最多能承受多少人口？我们不妨进行一下科学幻想。有科学家基于物质守恒，推测地球能承受数万亿人口！然而这样理论性的估值，也必须建立在人类可以解决食物短缺问题的基础上。这是难以逾越的障碍。如果人类通过高科技解决了食物短缺问题，地球总人口数很有可能超过 1300 万亿！这么多的人，不得不在遍地林立的两三千层高的摩天大楼中生活，很多人可能很少看到太阳光。

51. 地球上最简单和最复杂的生命体是什么

浩瀚伟大的地球，孕育了各种神奇美妙的生命。每天早晨听着鸟语醒来，夜晚伴着虫声睡去，你是否为自己生活在这样一个鸟语花香、生机勃勃的世界而感到幸福呢？在我们生活的地球上，大到鲸鱼、大象，小到蚂蚁、蜘蛛，都在一个家园中生息繁衍，都在自然界中有着各自不同的位置。地球上的生命，从简单到复杂，从小到大，真是千差万别。

那么，人在自然界中处于什么位置呢？可以毫不谦虚地说，人是自然界中最高级的生物。人类由猿进化而来，在漫长的进化时期，逐渐直立行走，学会了使用工具。人，作为高级灵长类动物，具有高度发达的大脑，创造出很多自然界没有的东西，不愧为地球上最复杂的生命体。

那么，地球上最简单的生命体又是什么呢？我们常见的猫、狗，甚至昆虫等动物都是由细胞构成的，构成生命体的细胞越少，就意味着生命体越简单。草履虫是只由一个细胞构成的原生动物，体长 180~280 微米，算是动物家族中结构最简单的成员。细菌不属于动物，也只由一个细胞构成，绝大多数细菌的直径大小在 0.5~5 微米，是比单细胞的草履虫还要简单的生命体。

有没有比细菌更简单的生命体呢？答案是当然有，病毒没有细胞，只含单一核酸（DNA 或 RNA），必须靠寄生在活细胞内生存，是目前可知地球上最简单的生命体。地球上的生命形态如此不同，真是令人吃惊呢！

52. 为什么我们把地球称为"地球母亲"

人们经常把地球比作人类的母亲：我们要爱护我们唯一的地球，爱护我们共同的母亲。可是我们为什么会把地球称为"地球母亲"呢？这与地球提供给我们赖以生存的环境与资源是分不开的。

地球给我们提供最需要的水。水是生命之源，没有水就不可能存在生命。而地球被称为水球，约71％的地表都被海洋和湖泊所覆盖，其中更有供我们直接饮用的淡水。生活中，人们用水发电、用水生产、用水灌溉……几乎所有的现实经济活动都离不开水，没有水就没有我们现在丰裕的生活。那么我们应该怎么样对待水资源呢？

地球给我们提供矿产资源。假如夜晚没有了灯光，那么我们的家园会变成什么样子？正是煤炭、石油、天然气等各种能源的使用，我们的家园从此迎来了黑夜里的光明，而这都来自地球的无私供给。可是现实中越来越肆无忌惮的矿产开采已经让矿产资源濒临枯竭。那么我们该如何对待矿产资源呢？

最重要的是，地球给了我们生命。地球给我们提供生命活动的场所，让人类拥有着五彩斑斓的世界，让我们人类和各种生物的生活充满了乐趣和美好。

没有地球，就不可能有人类。地球就像我们的母亲一样，养育我们长大成人，并且无私地奉献着自己的一切。所以，我们要爱护地球，爱护我们的地球母亲！

地球是太阳系中唯一存在生命的星球。月球是一颗行星，还是一颗卫星？它为什么会"发"光，难道它是恒星吗？

月球与地球之间有哪些关系呢？地球上潮汐的发生竟然与万里之外的月亮有关！月球是如何引起潮汐的？假如有一天，月球撞上了地球，地球上的生物还能生存吗？不过，真的能够发生月球撞击地球的事件吗？

地球上的光热是从哪里来的呢？对了，是太阳！以太阳为中心，阳光不断向太阳系中散射。太阳是如此的巨大，它大概是地球的多少倍呢？太阳一不小心打了一个"喷嚏"，那将会对地球带来什么样的灾害呢？你能想象得到吗？还有……

第四章

太阳系的成员——地球

53.你了解地球的好伙伴吗

你听过嫦娥奔月、吴刚伐桂等和月亮有关的神话故事吗？其实，月亮就是我们平时所说的月球，它是距离我们地球母亲最近的天体，是我们在太空的邻居。月球和地球虽然距离相近，但是状况却大不一样，月球上既没有茂密的森林，也没有波涛汹涌的河流。当然，传说中的嫦娥和玉兔，以及昼夜不停歇的吴刚更不存在。

月球上到底有什么呢？

其实，月球自有它的神奇之处，月球是离地球最近的天体，它表面的引力比地球小，只相当于地球表面引力的1/6。所以，地球上重6千克的东西，到月球上就只有1千克了，而我们到了月球上，就会变得很轻，有种想飞起来的感觉。

有的小朋友可能会问：为什么我看的月亮有时候是圆的，有时候是半圆的呢？是有多个月亮吗？

其实月亮只有一个，我们看到的月亮，有时候是圆月，有时候是半圆的月，有时候则只剩一弯残月，那是由于它被太阳光照射到的地方有时多、有时少造成的。如果我们看到的是整个月亮，那我们就叫它满月；如果我们看到的是半个月亮，那我们就叫它弦月。还有一种情况，就是月亮看起来会像镰刀一样，那我们就叫它蛾眉月。

54. 月球为什么不离开地球

月球是地球的唯一卫星，亿万年以来它都兢兢业业地沿着那椭圆形的轨道绕地球公转，并不离开。很多人不禁要问：为什么月球没有飘走呢？

月球之所以能长久地和地球保持着这"若即若离"的状态，是因为受到了平衡力的作用。首先，月球受到了一个万有引力的作用。万有引力与作用双方的质量成正比、与作用距离的平方成反比。总体看来，月球所受的万有引力主要来自地球，而这个力的作用效果就像是绳子一样把月球拉向地球身边。那么为什么月球没有这么做呢？这就不得不说到另一个平衡力——离心力。离心力是一个虚拟的力，是惯性的一种表现形式。比如我们用绳子拴着一个小球转圈，手会感觉到有一个力在向外拉，这个力就是离心力。离心力的大小与被离心的物体质量和运动速度的平方成正比，与作用双方之间的距离成反比。

总之，月球受到了一个背离地球的离心力和朝向地球的万有引力，而亿万年的调整也使得二者达到了现在的平衡。受到平衡力作用的月球自然也就"稳稳"地伴地球运转。然而，在其他一系列复杂力的作用下，月球现如今正以每年 3.8 厘米的速度远离地球。理论上，终有一天月球会离开我们，但不知道会是在什么时候了。

潮汐其实是一个组合词，"潮"是白天的海河垂直方向上的涌动，而"汐"是晚上的海河涌动，古人在很久以前就把它们组合在了一起并称"潮汐"。为什么海水会产生潮汐现象呢?

潮汐分为多种，按照潮汐的周期可以分为半日潮型、全日潮型和混合潮型。其中，半日潮型指的是一天之中出现两次高潮和两次低潮的潮汐；全日潮型指的是一天之中只能出现一次高潮和低潮；混合潮型则全然不同，在一月之中有一部分为全日潮型、一部分为不规则的半日潮型。

潮汐的成因较为复杂，但主要是由月球和太阳的特殊引力引起的。但出乎意料的是月球的引力才是引起潮汐的主力，并且二者引起潮汐的潮力之比为 11:5，差距十分明显。月亮吸引海水涨潮的力被称为引潮力。由于地球表面各地和月球之间的距离不等，所以不同地域的海水所受的引潮力也不同。加上地球在不断地运动，造成了海水运动，形成了潮汐。潮汐的规律和月亮绕地球的周期是一样的，都是 24 小时 48 分钟。而地球上的海水有两次规律性涨落。

潮汐不仅发生在海洋上，与大海相通的河流也会随着海潮发生河潮，气势宏大的钱塘江大潮就是属于这种情况。

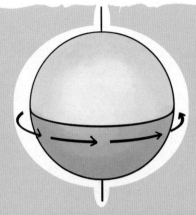

56. 地球是怎么自转的

地球在宇宙中不是静止不动的，而是处在不断的运动之中。自转和公转是地球主要的运动形式。下面，我们就来看一看地球究竟是如何自转的。

还记得转硬币的游戏吗——把一枚硬币立在桌子上，捏着它的棱使劲一拨，硬币就转动起来。转起来的硬币不是正像一个小球吗？其实地球自转的原理和转动的硬币有几分相似，只是地球自转的速度远没有硬币这么快，而且自转着的地球也不是直立的。

大家都见过地球仪吧——蓝色的地球模型斜斜地穿在一根轴上。那你有没有想过，为什么地球仪上的地球会是倾斜的呢？事实上，在宇宙中自转着的地球就是这样倾斜的。假设从地球的北极到南极拉一条线，这条线就是地轴。地轴不是直立的，而是沿右上－左下的方向倾斜。地球就这样斜着身子绕地轴自转，自转一周的时间是一天，叫作一个自转周期。地球自转的方向是自西向东。也就是说，从北极上空看，地球逆时针自转；从南极上空看，地球则成了顺时针自转。

正是由于地球自西向东自转，才产生了白天和黑夜更替，以及地球上不同地区时间的早晚不同。东边的地方先被阳光照亮，就提前进入新的一天；西边的地方则要在黑暗中多待一阵子，因此时间会相对于东边晚一些。当我们所处的东面天亮的时候，中国的西面，欧洲的小朋友们还在沉睡中呢！

57.地球是怎么公转的

地球可是一个不安分的大球，它除了自转之外，还要公转。地球在自转的时候绕着自己的地轴，在公转的时候则是绕着太阳。

在太阳系中，八大行星都围着太阳公转。太阳系的结构就像一个大靶盘，如果从宇宙中俯瞰太阳系，会看到太阳处在靶心位置，其他行星的轨道就像围绕太阳的一圈一圈的同心圆。地球的轨道就在从圆心向外数的第三个"同心圆"的位置。这里的"同心圆"可不是正圆，事实上，地球公转的轨道是椭圆形。在地球公转的轨道上，有一个近日点和一个远日点。当地球公转到近日点的时候，正是北半球的冬季；公转到远日点时，是北半球的夏季。

细心的你也许会发出疑问：地球不是要绕地轴自转吗，它怎么还能绕太阳公转呢？这样转啊转的，地球不会发晕吗？别担心，地球的自转和公转是同时进行的，互不干扰。正如自转一周的周期是一天一样，地球公转也有周期，这个周期是一年，也就是365天。自转产生白昼和黑夜的更替，公转则产生四季变化。另外，地球公转的方向和自转是一样的，也是自西向东。

世间万物都遵从着一定的规则和秩序，地球运动也是如此。日复一日，年复一年，地球就这样遵从着万古不变的宇宙规律，稳定地自转和公转着。由此，白天和黑夜平稳地更替，春、夏、秋、冬轮番登场。

58.月食是怎么回事

月食是少量可以不借助仪器就可直接欣赏的天文景观。但大多数人对它却并不是很了解。在古代社会，人们觉得月食十分神秘，还产生了很多和月食有关的神话传说。如中国古代人民就曾认为月食是"天狗吃月亮"。为了保卫月亮，每逢月食，所有人都会上街敲锣打鼓，意欲吓跑"天狗"，几个时辰之后月食结束，一场轰轰烈烈的"月亮保卫战"宣告结束。

其实，人们常说的"阴晴圆缺"和月食并不是一回事。阴晴圆缺指的是一个月内月球的月相变化，从朔到上弦月到望再到下弦月为一个循环，其变化较月食来说较为缓慢。月食是一种特殊却并不罕见的天文现象，在月球运行到地球的背面时，地球会挡住一部分本属于月球的光亮，月球和地球之间的地区会因为太阳光被地球遮蔽，于是地球本面的人便会看到圆圆的月球突然少了一块，就像被咬了一口的月饼。甚至完全没有，就像月饼被全吃光！此时的太阳、地球、月球恰好在同一条直线，地球在太阳与月球之间，因此从太阳照射到月球的光线，会被地球所掩盖。但是一般几个小时之后，月球就会圆润如初了，月食也就结束了。

59.什么是日食

日食现象是当月球绕地球转到太阳和地球中间时，如果太阳、月球、地球三者正好排成或接近一条直线，月球挡住了照射到地球上的太阳光，形成的黑影正好落到地球上，看起来太阳就像被侵蚀掉了一样。

日食现象这么神奇，那么在什么时候我们才会观察到日食现象呢？告诉你吧，发生日食的时间必定在"朔日"，也就是农历初一。这是因为只有农历初一，月球才会运行到太阳与地球之间，月球挡住太阳光将黑影照在地球上而形成日食。而月食一定会出现在望日，即农历十五。

和月食一样，日食也有分类。日食分为 4 种，包括日全食、日环食、日偏食及全环食，其中较罕见的是全环食，这种天象只有在地球上某些特定区域才能观测到。这时不同地区会出现日偏食、日全食和日环食 3 种不同的日食。

春季

夏季

冬季

秋季

60.什么是近日点，什么是远日点

地球绕着太阳转，那么，你知道什么是近日点，什么是远日点吗？要弄清这个问题，我们首先要知道什么是公转。地球绕太阳自西向东的运动叫公转，而地球绕太阳的公转是在一个轨道上，这个轨道是一个近似于正圆的椭圆形，椭圆在数学模型中有两个焦点，我们围绕的对象太阳就处在这两个焦点之一的位置上。地球因为一年四季都在绕着太阳转，所以有时候会离太阳近一些，有时候会离太阳远一些。经过天文学家的观测，大约在1月初的时候，地球离太阳最近，这时所处的位置叫作近日点。同样的道理，大约在7月初，地球就跑到了距离太阳最远的位置上，我们称这个位置叫远日点。地球在近日点的时候，太阳和地球的距离为14710万千米，而在远日点的时候，日地距离为15210万千米。

有的小朋友会问，离太阳近不是应该更热吗，为什么是我们的冬天呢？这是因为地球公转时，有一个倾斜的角度，我们处在北半球，当在近日点的时候，太阳正好直射的是南半球，我们接收到的太阳光要少得多，即使距离太阳稍微近些，还是比不上在远日点时，太阳照在我们北半球所获得的热量多啊！

那么，在两个点上，地球围绕太阳转的速度一样吗？科学家经过测量计算，告诉我们它们是不一样的。地球在近日点的时候速度最快，为30.3千米／秒；在远日点的时候速度最慢，为29.3千米／秒。知道了这些，一年中冬天短夏天长的道理也不难理解啦！

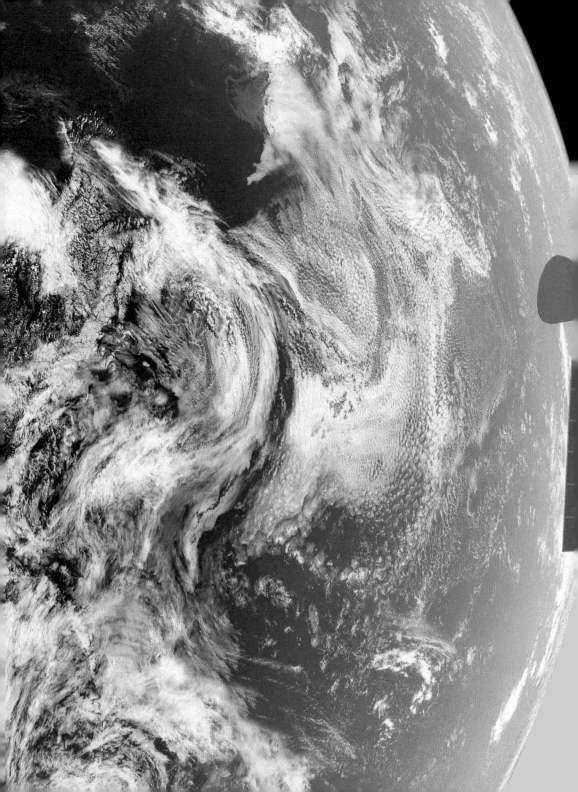

61 什么是人造地球卫星

你 知道什么是人造地球卫星吗?

说到人造地球卫星,我们要先从卫星说起。卫星就是指宇宙中在特定的轨道围绕行星运行的天体。卫星环绕哪一颗行星运转,就是哪一颗行星的卫星。"人造卫星"就是我们人类自己"人工制造的卫星"。由卫星和"人造卫星"的定义我们就可以得出:人造地球卫星就是人工制造的环绕地球运转的卫星。科学家用火箭把人造地球卫星发射到预定的轨道,使它环绕着地球运转。利用人造地球卫星进行探测或科学研究,给我们的生活通信带来了巨大便利。

地球对周围的物体有引力的作用,抛出的物体最终都要落回地面。但是,抛出的初速度越大,物体就会飞得越远。如果从高楼上用不同的水平速度抛出物体,速度逐渐加大,落地点就一次比一次离高楼远。如果排除掉空气阻力这项因素,当速度足够大时,物体就永远不会落到地面上来,它将围绕地球旋转,成为一颗绕地球运动的人造地球卫星,简称人造卫星。

人造卫星是发射数量最多、用途最广、发展最快的航天器。1957 年 10 月 4 日,苏联发射了世界上第一颗人造卫星。之后,美国、法国、日本也相继发射了人造卫星。中国于 1970 年 4 月 24 日发射了以钱学森为首任院长的中国空间技术研究院研制的东方红 1 号人造卫星,截至 1992 年底中国共成功发射 33 颗不同类型的人造卫星。

62. 什么是地球同步卫星

在广袤无垠的宇宙中，地球有很多好朋友。比如终年炽热无比的太阳、神秘而又美丽的月球以及其他奇妙的星体。除了这些之外，人类还向太空发射了自己制作的卫星，其中包括地球同步卫星。你知道什么是地球同步卫星吗？

地球同步卫星，顾名思义就是地球同步轨道卫星，又称对地静止卫星，是运行在地球同步轨道上的人造地球卫星，与地球的自转同步进行。也就是说，如果你能在天空中看到它，就会发现，它好像就是静止在那里似的，一动不动，那是因为它的运转速度与地球的自转速度相等。地球同步卫星就像是地球的好朋友，每时每刻与地球同步运动。

地球同步卫星为什么叫作地球同步卫星呢？那是因为它与地球的运动有很多相似的地方。地球同步卫星被安放在距离地面约为 36000 千米的高空中，地球同步卫星运行方向与地球自转方向相同。它的运行轨道形状与赤道相同，位于地球赤道平面圆形轨道上。运行周期与地球自转周期相等，即 23 时 56 分 4 秒。卫星在轨道上的绕行速度约为 3.1 千米 / 秒，其运行角速度等于地球自转的角速度。

目前世界上只有美国、俄罗斯、法国、中国和日本等几个国家能独立发射这种卫星。地球同步卫星给我们的生活带来了巨大的便利。如果在地球同步轨道上布设 3 颗通信卫星，就可以实现除两极外的全球通信。

火星　　　　　地球

03. 地球和火星是"孪生兄弟"吗

在太阳系中，火星是地球的好伙伴，与地球有很多相似之处。之前科学家通过观测火星得到各种数据，以此判断火星甚至很有可能存在着生命，或者曾经存在过生命。那么这对太阳系里类似于"孪生兄弟"的两颗星球，它们的相似部分是什么呢？

火星是一颗固态的行星，半径大约是地球的一半，体积只有地球的1/7。火星上也有两个覆盖着冰川的极冠，两极地区的冰盖随着季节的变化还会变大缩小，与地球极为相似。此外，有山脉、峡谷、白云和风暴。火星上同样有春、夏、秋、冬四个季节，而且四季分明。由于它的运转周期与地球十分接近，时令上和地球也很相像，甚至一天也接近24小时。

以地球的标准来看，火星的地表基本是一个冰冷荒凉的世界。但是火星表面与地球类似，有一层稀薄的大气层，由于有这层大气，火星上还是有一些明显的天气现象，它像地球一样，有云、风雾、沙尘暴等。火星稀薄的空气里面，95%以上都是二氧化碳，因而在火星的大气里，与地球类似，也有温室效应。

由于火星存在这么多与地球的相似之处，或许在不远的将来，人类会利用科学技术搬迁一部分人到火星去。你是否向往生活在另外一颗星球上呢？

　　茫茫宇宙之中，难道只有地球上才有生命存在吗？地球是不是太"孤单"了？究竟有没有外星生命的存在？如果有的话，外星人的文明程度究竟达到了什么地步？会不会有一天，我们地球生物会被其他外星生物所统治？

　　宇宙之中星球这么多，地球会与其他星球相碰撞吗？宇宙的中心又是哪一颗星球在占据着呢？……

第五章

身处宇宙之中的地球

64.地球位于宇宙中的什么位置

地球只是宇宙中无数星球中的一个，但是由于地球上面到处充满着美丽的生灵，才让它在这个广袤且略显荒凉的宇宙中，显得十分特殊。

宇宙究竟有多大呢？根据诸多科学家的推测，宇宙可能是没有边界的。那么，地球位于宇宙中的什么位置呢？

科学家们把地球周围的宇宙区域按照星系进行了大致的划分，地球位于隶属于银河系中的太阳系里。你在夏天的晴朗夜晚，会在天空中看到一条由无数颗亮星组成的星河，这条星河就属于银河系。太阳系是银河系中一个小的恒星系统，是银河系中数以亿计的恒星系统中的一个。在太阳系中，地球又处在什么位置呢？太阳系是由太阳、八大行星以及部分彗星、小行星等天体组成的，地球是太阳系八大行星之一。如果按照和太阳之间的距离远近来排序的话，地球是距离太阳第三近的行星，位于水星和金星之后。从体积上来看，地球在太阳系中只能排第五。

此外，正是由于地球和太阳的距离适中，才使得地球上的温度不会过高和过低，保证了生命能够不断繁衍生息。

65. 地球是悬浮于宇宙中的吗

在天体博物馆里，小智和全班的小朋友一起在老师的带领下参观了很多天体模型。在观察地球在太阳系中的模型时，小智注意到地球是悬浮在空中的，好问的他就想到了一个问题：在真实的宇宙环境中，地球就是这样悬浮的吗？

所谓"悬浮"，其实是一个概念。根据万有引力定律，物质具有质量，就形成引力，把其他物质吸向自己。我们生活在地球上，地球对每一个人都有朝向地心的吸引力。我们在形状类似圆球的地球上也不会掉下去。于是，我们才有了上下左右这样的概念。

实际上，宇宙本来就没有上下左右之分，它是一个自由的空间，如果不受到其他星体的吸引，地球是不会"特意"飞向哪里的。就像处在太阳系中，地球受着太阳的吸引力，不断围着它旋转。如果有一天，太阳系中闯入了一颗质量足够大的星体，那么地球所受的引力就会分散，到时候地球的旋转和移动方向就有可能出现变化。那时，从我们的角度来看，我们的星球可能就会出现"坠落"的情况，但也只是相对而言。

其实地球所处的宇宙环境还是相当稳定的，不太容易出现极端的宇宙现象，即便在未来太阳系可能会遭遇什么问题，但是凭借那时的科技力量，人类还是会最终保全自己的。

66. 地球是宇宙的中心吗

地球是宇宙的中心吗？在遥远的过去，善于观察和思考的一些先辈，在辛苦劳作后休息的间隙，时不时仰望天空。那时他们只看到太阳东升西落，其实月亮也是有规律地围绕地球运转，甚至很多明显的易观察的某些星星从地球上来看，也是规律地绕地球做圆周运动。于是，先辈们得出了一个结论，我们生活的家园——也就是地球，是宇宙的中心。这个结论甚至被一些人写进了宗教的教义中，成为人类世代膜拜的真理，不可推翻，这就是历史上的地心说，即以地球为中心的理论。

但事实是这样的吗？在人类文明的进步史上，总有一种人愿意对传统的陈旧学说提出异议。哥白尼是生活在 15 世纪至 16 世纪的波兰天文学家，他 30 年如一日致力于天文现象的观测和研究，终于得到了可靠的数据，提出了日心说，并且在临终前出版了《天体运行论》。在他的观点中，太阳才是宇宙的中心，地球是围绕太阳运行的。虽然他的一些观点仍有一些不是很圆满的地方，但是对于推翻地心说还是做出了巨大的贡献。

现代科学已经对宇宙中心有了暂时性的结论。太阳也并不是宇宙的中心，它只是太阳系的中心，地球和其他七大行星以及各种系内天体围绕着太阳运行。地球并不是宇宙的中心。

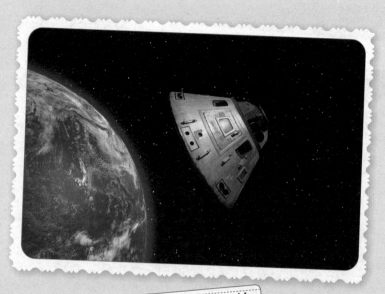

67.怎样让航天器围绕地球运转

卫星为什么会绕着地球旋转而不会落下来呢?

人类的航天活动,并不是一味地要远离地球,特别是应用型航天器,比如人造卫星,更需要让其绕地球飞行。这样的话,就需要一种力量始终作用在航天器上面,让其保持稳定运行的状态。地球的引力就是可以很好利用的力量。地球有把飞行器吸引向地球的力,再加上航天器脱离地球飞出轨道的力,让这两种力达到平衡,航天器就可以围绕地球运转了。

而让航天器保持平稳运转的关键是什么呢?速度。航天器从地球上发射到太空,经过不同阶段的调整,到预定轨道时,要保持某个速度,才能使得地球的引力和航天器的离心力达到平衡。宇宙速度就是物体从地球出发,在天体的重力场中运动,有 4 个比较有代表性的初始速度的统称。其中,紧贴地球表面做圆周运动的速度叫第一宇宙速度,大约是 7.9 千米 / 秒。人类的各种航天活动都离不开对宇宙速度的准确把握。

68.太阳会不会在地球消失之前消失

就像人类有出生有死亡一样，在未来的某一天，地球也会走到生命的尽头。那么太阳既然叫作恒星，是不是就是永恒存在的呢？它会不会在地球消失之前就消失，使人类活在一片无尽的黑暗中呢？

对于地球和太阳的最终寿命，科学家们已经给出了较为令人信服的预测。他们通过对周围星系中恒星的观察，得出了恒星的一般演变过程规律。在他们看来，目前太阳正处于壮年走向晚年的阶段，大概在 50 亿年之后，太阳会变成红巨星的状态，热度降低，体积增大，吞噬掉距离它较近的水星和金星。至于那时的地球，可能有两种情况：一是太阳膨胀速度过快，地球同样被吞噬掉；二是地球在被吞噬之前就脱离了运行轨道，距离太阳越来越远。由于距离拉远，以及太阳本身热量的降低，地球的整体温度会变得极低，几乎会全部被冰封，不再适合人类居住。美国一些科学家通过一些复杂的计算推测，那时的冥王星可能会成为最适宜地球人生存的星球，人类很可能会整体迁移至冥王星。值得一提的是，到时候人类会看到天空中另外一颗硕大的星球，就是冥王星的卫星——科隆，它的体积是冥王星的一半。当冥王星运转到一定角度时，科隆甚至会占据半个天空。

到后期，太阳还会变成白矮星，热度进一步降低，密度极大，太阳系就不再会是人类的归宿，去外星系寻找更加合适的星球生存，是人类必要的选择。

69.地球会不会脱离太阳系飞向太空

十亿年来，地球一直围绕着太阳运转，周而复始。有好奇的小朋友会问，地球会一直稳定运行在太阳系吗？会不会有一天，地球脱离轨道，像宇宙飞船那样飞向太空呢？

一般来说，地球会稳定运行在绕日的轨道上，因为太阳有着足够大的质量，保证其吸引地球的力量足够强大。即使在个别极端的天文现象影响下，地球也不会轻易脱离太阳系，飞向太空。那么如果假设地球被足够大的行星击中呢，会脱离轨道吗？就像小朋友平时喜欢玩的弹珠，向前滚动着的弹珠被别的弹珠击中，就会改变运动的方向。把地球看作滚动的弹珠，撞击地球的行星看作另外一颗弹珠，地球被击中后会不会也像弹珠一样改变方向呢？

在太空里，地球的运行不能简单地看成弹珠的滚动，地球的受力比弹珠的受力复杂，并且受到撞击后的一连串反应也与弹珠之间的相互碰撞有本质区别。假设地球受到了行星的撞击，在较短的时间里，地球会偏离出轨道，甚至被击碎，其碎片会飞向太空，但是地球依然会受到太阳的吸引。如果没有被击碎，会在一定时间内恢复圆周运动；如果被击碎，其碎片也很有可能受到太阳的引力作用而重新归拢，继续绕着太阳运转。

地球处在十分稳定的宇宙环境中，太阳系发生骤变的可能性很低，地球还是会昼夜不息地围绕着太阳运转下去的。

70.地球会不会与其他星球相撞？

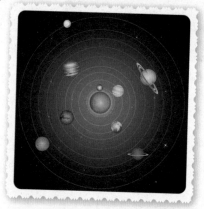

小宋是在校四年级的小学生，非常喜欢观看科幻影片。科幻影片里的神奇场景常常让小宋惊叹不已。在某一部影片里，人类遭遇了巨大的挑战，因为在外星人的操控下，一颗巨大的星球即将与地球相撞。科学家们想尽了各种办法，最终派遣了一小支部队到达该星球，安装了核弹，在其撞上地球之前的一刹那炸毁了它，人类才得以幸免于难。小宋看完影片后，觉得地球与其他星球相撞还是有一定可能性的，他及时地询问了在航天展馆工作的赵阿姨，赵阿姨亲切地给他解释了地球究竟会不会与其他星球相撞的问题。

在太阳系中地球并不孤单，她还有另外几个小伙伴，环绕太阳运行在地球的外围。在太阳系边界的地方，还有像绸带似的小行星带。别忘了，还有围绕地球运转的月球呢。在地球外围的这些天体，就像是地球的屏障似的，如果有大型的陨石、小行星甚至星球闯进太阳系，就得先通过重重关卡才能到达地球。此外，在太阳巨大的引力下，地球遭受侵袭的概率非常小。这也就是为什么地球能安然地存在太阳系中长达数十亿年的原因。

地球本身的外层还有着厚厚的大气层，如果某一天真的有大型天体撞击地球，摩擦作用下大气层会消耗它的一部分能量，最终地球受到的伤害程度也会大大降低。

地球是很安全地运行在太阳系中的。当然，这还要感谢和地球一样围绕太阳运转的天体们，以及像卫士一样环绕地球的月球。

71. 还有其他星球适合人类居住吗

由于人口总量的不断攀升，地球终究会有超负荷运转的那一天，寻找另外的适合人类居住的星球，是众多国家早就开始提上日程的计划之一。可能很多小朋友都畅想着有一天能够到其他星球游玩甚至定居，这一梦想可能会在近几十年内实现。现在科学家们已经发现了为数不少的宜居星球，目前只是还没有解决"交通"的问题，因为这些星球和地球的距离都有至少数百光年。

开普勒–22B 是美国宇航局于 2011 年 12 月确认的首颗位于宜居带的系外行星。它围绕着一颗和太阳极其相似的恒星公转。美国宇航局推断，开普勒–22B 行星适合人类居住。它的直径大约是地球的 2.4 倍，距离地球有 600 光年，人类如果使用当前最为先进的宇宙飞船，飞往开普勒–22B 至少需要 2200 万年的时间。尽管它的直径比地球大不少，但是它的公转周期大概为 290 天，和地球相差不大。此外它所围绕的恒星与太阳也十分接近，也是一颗光谱型为 G 的黄矮星，这使得它的行星开普勒–22B 的表面平均温度约为 21 摄氏度，非常适宜生物居住。

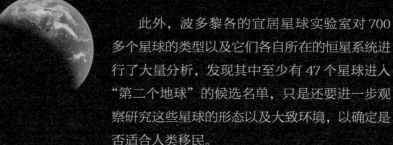

此外，波多黎各的宜居星球实验室对 700 多个星球的类型以及它们各自所在的恒星系统进行了大量分析，发现其中至少有 47 个星球进入"第二个地球"的候选名单，只是还要进一步观察研究这些星球的形态以及大致环境，以确定是否适合人类移民。

72. 如果在外太空观察地球，地球会发光吗

我们在晴朗的夜晚经常能看到明亮的月亮，还有满天的璀璨繁星，太阳更是每天都准时照亮我们的窗子。这些星球都散发着迷人的光泽。那么我们的地球呢，如果在外太空观察地球，地球也会像太阳、月亮和星星那样发光吗？

要想弄明白这个问题，就得先搞清楚究竟什么样的星球会发光。太阳是自身就会发光的，它是恒星，恒星内部和表面的温度都特别高，它内部的核聚变作用产生了大量的能量，这些能量就以光能和热能的形式散发出来，所以我们看到的太阳总是十分耀眼。夜空中明亮的星星大部分和太阳一样，是自己会发光发热的恒星。这其中也有少部分行星，行星自身并不

会发光，只是反射其他恒星的光照射到了地球上。月球是距离地球最近的星球，它跟地球相似的是同样由岩石等固态结构组成，本身也不会发光发热，但是它同样能反射太阳光，我们看到的月亮的阴晴圆缺，都是在月球从不同角度反射太阳光的基础上产生的现象。

如果在外太空观察地球，站在合适的角度，也可以看到发散着美丽蓝光的地球。地球虽然并不是光源，但是因为也能反射太阳光，看起来就会好像会发光似的。

如果查阅美国航天局登月计划里从月球带回并且发布出来的照片，你可以清晰地看到，站在月球的角度观察地球，地球就像一颗蓝色的水晶球似的晶莹发亮。

地球虽然自己并不会发光，但是在外太空的合适距离观察地球的话，会看到地球反射出来的美丽景象！

地球养育了生命，孕育了我们。地球是人类生命的摇篮，它被称作无私的"地球母亲"。那么，对于无私的母亲，我们应该怎么样对待她呢？

当今，地球面对着越来越多的灾害。什么是温室效应？温室效应能对地球起到加温的作用，那么最终会带来什么样的威胁呢？地球之肾、地球之肺又遭受着什么迫害？"肺"与"肾"的损伤究竟会带来哪些灾难性的后果？"地球一小时"活动的进行能够减少地球危害的发生吗？为什么地震、火山等灾害频发？它们的发生究竟是偶然性的自然原因，还是深层次人类行为的后果？

面临地球越来越多、越来越重的"报复"行为，我们该怎么做呢？

第六章

万物生灵的呐喊
——保护地球

73. 我们能够为爱护地球做些什么

地 球是生命的摇篮。古往今来，地球母亲历尽了沧桑，她孕育了万物，养护着无数的儿女。在当下，地球是我们赖以生存的唯一家园，保护地球不受伤害，实则是保护我们自己。

随着人口总数的过快增长，人类的贪欲越来越强盛，只是一味地向大自然索取，就像一个不懂事的孩子。人类对自然界的一系列破坏活动使得环境逐渐恶化，某些资源几将耗尽，地球的生态系统遭到严重损坏。我们地球母亲当前的状况已经很不乐观，甚至成为影响人类生存的大问题。所以，我们每个人都应该关心我们生活的星球，爱护我们的家园，做一个合格的地球人！

我们能够为地球母亲做些什么呢？答案就是从小事做起，一天一天地累积下去，一个人一个人地传递下去，积流成海。节约用水，循环用水；多种花草树木；不使用一次性制品，包括筷子、杯子、塑料袋等；不随便丢垃圾，学会垃圾分类；不浪费纸张；出行多乘坐公共交通工具，减少温室气体的排放……还有很多，都是我们每个人都能做到且应该做的，你可以动脑思考，看看还有没有其他爱护地球的事我们也可以做。

总之，爱护我们的地球应该是每个地球人所应尽的责任和义务，让我们养成好习惯，善待我们的家园！

74.地球面临着怎样的危害

地球是人类的母亲，为了她的孩子几乎奉献出了一切。人类却好像从来不会满足似的，一直没有停下过掠夺的脚步。如今的地球在人类的不断破坏下，已经变得千疮百孔，地球母亲所面临的危害越来越多，越来越严重。那么，地球都面临着怎样的危害呢？

气候变化：未来70年内全球平均气温升高2摄氏度以上的可能性非常大，这也就意味着，全球变暖的步伐并没有明显减缓。

致命性病毒：最近几年来，强传染性病毒所造成的疾病已经导致相当大数目的人类死亡。在未来，如果不控制来源，强加防范，致命性病毒对人类的威胁只会有增无减。

恐怖主义：虽然在"9·11"事件之后的短期时间内，恐怖组织遭受了几乎致命的打压，但是最近各国的恐怖主义势力又死灰复燃。恐怖主义性质的事件近年来愈演愈烈。

核战争：任何国家间的矛盾如果最终导致核战争的话，对地球的打击将是致命性的。

陨石或者外星人：虽然现在考虑大型陨石袭击地球以及外星人的不请自来显得有些异想天开，但是至今科学界几乎难以确定外星生命从没有光顾过地球，一旦那一天来临，地球遭受的灾难也将是毁灭性的。

超级火山和超级地震：不同于人类史上的任何一次火山地震，地壳板块近几千年以来已经变得十分活跃。超级火山和超级地震的到来会让地球上60%的人失去家园。

机器：有没有可能，在未来人工智能的机器会反戈一击，转而消灭地球人，从而成为地球上的霸主呢？

75.地球上的灾害哪些是人为因素造成的

在大自然的面前，人类的力量总是显得渺小而无力。自然灾害往往给人类带来巨大的经济损失和精神损失。其中的一些灾害并不是人为造成的，如火山喷发和地震，只是地球自身的地质问题。但是人为因素引发的灾害种类也很多。

自然资源衰竭灾害：包括森林资源衰竭灾害、物种资源衰竭灾害、沙漠化灾害、水土流失灾害、土壤盐碱化灾害、土地资源衰竭灾害、水资源衰竭灾害。大部分自然资源衰竭都是人类过度开发和掠取造成的。

环境污染灾害：包括大气污染灾害、土壤污染灾害、水体污染灾害、海洋污染灾害、城市环境污染灾害等。这些灾害则是人类肆意向大自然排放污染物造成的。

火灾：包括森林火灾和生产生活火灾。火灾往往是由于人们的疏忽大意，一时粗心造成的。

交通灾害：包括陆地交通灾害、空难以及海难。大部分人出行都依靠各种交通工具，严格遵守交通规则是每个人应尽的义务！

核灾害：包括核污染、核战争以及核辐射。20世纪发生的大型核泄漏事故——切尔诺贝利核电站事故造成的损失之大几乎难以估量，不仅在当时造成大量人员死亡、染病，而且贻害后世。至今该核电站附近仍是一片荒芜。

人口过剩灾害：人口过剩给各种地球资源造成极大压力；资源的开发步伐几乎赶不上全人类的需求。

76. "世界地球日"是在哪一天

每个小朋友都会记得自己的生日，并且小朋友们都特别喜欢过生日。因为在生日这天，小朋友们会收到来自爸爸妈妈和亲戚朋友的一大堆礼物。可是你知道哪一天是地球日吗？

1970 年 4 月 22 日，美国哈佛大学一个叫丹尼斯·海斯的学生，在校园里发起并组织了第一个"地球日"。这个活动旨在唤起人类爱护地球、保护人类家园的意识，促进资源开发与环境保护的协调发展，进而改善地球的整体环境。后来"地球日"活动影响越来越大，丹尼斯·海斯因此被誉为"地球日之父"。

每年的 4 月 22 日被定为世界地球日。这是一项全球性的环保活动日。"地球日"的总主题始终是"只有一个地球"，每年没有国际统一的特定主题。

你知道吗？最初地球日之所以选在春分这样一个节气，是因为在这天全世界的昼夜时间都相等，阳光可以同时照射在南北极点上，代表了世界的平等，同时也象征着人类要抛开彼此间的争议和不同，和谐共存。面对日益恶化的地球生态环境，我们每个人都有义务行动起来，用自己的行动来保护我们生存的家园。

中国从 1990 年起，每年都开展地球日的纪念宣传活动。

77.你知道"地球一小时"是什么时候吗

资源的过快消耗、过度开发、肆意浪费以及由此引起的气候变化问题给人类的生产和生活带来了巨大的灾害。近几十年来，一些有远见有忧患意识的人们开始自觉发起一系列保护地球的活动，旨在节约资源、关注气候和倡导经济的可持续发展。"地球一小时"就是人们发起的重视地球保护计划的有意义的活动之一。

"地球一小时"是世界自然基金会在2007年向全球发出的一项倡议，呼吁个人、社区、企业和政府在每年3月最后一个星期六20：30～21：30能熄灯1个小时，支持应对气候变化采取积极行动，激发人们对保护地球的责任感，以及对气候变化等环境问题的思考，表明对全球共同抵御气候变暖行动的支持。过量二氧化碳排放导致的气候变化目前已经极大地威胁到地球上人类的生存。公众只有通过改变全球民众对于二氧化碳排放的态度，才能减轻这一威胁对世界造成的影响。参与者通过实际行动，证明了每一个小小的善举都会给地球环境带来积极影响，积少成多成就巨大作用。

这也是一项全球性的活动。中国积极参与到这个活动中。2013年，北京鸟巢、水立方、世贸天阶等标志性建筑，上海东方明珠，武汉黄鹤楼，台北101大厦，香港天际100观景台，以及其他省市多个标志性建筑，都熄灯一小时。2014年，中国"地球一小时"主题为"蓝天自造"，呼吁每一位公民、每一家企业、每一级政府从自身开始，采取实际行动，应对雾霾，清洁空气。2015年，中国"地球一小时"主题为"能见蔚蓝"，继续聚焦当前最急迫、最受关注的雾霾议题，发出寻回蓝天倡议。

78.地球之肺和地球之肾是什么

很多保护环境的宣传标语和宣传册中都会提到"地球之肺"和"地球之肾"。这是比喻的说法,你知道它们分别指的是什么吗?

地球之肺——森林。森林资源以林木资源为主,还包括林中和林下植物、野生动物、土壤微生物及其他自然环境因子等资源。林木通过绿色植物的光合作用,能转化太阳能而形成各种各样的有机物。森林每年提供 28.3 亿吨有机物,占陆地植物生产有机物总产量 53 亿吨的 54% 之多。而且,绿色植物靠光合作用吸收大量的二氧化碳并放出氧气,维持了大气中二氧化碳和氧气的平衡,净化了环境,使人类不断地获得新鲜空气。因此,森林就像地球的肺一样。然而,现在世界每年减少森林面积达 11 万平方千米,造成的荒漠影响了全球五分之一的陆地,大气二氧化碳浓度十年间约增加了一倍。森林环境资源,包括森林所涵养的水资源,森林气候资源和森林景观,和人类的发展以及自然界的生态平衡息息相关。

地球之肾——湿地。湿地是指常年积水的土地,是水在环境和动植物生活中占主导作用的区域,其地下水常常接近或到达地面,或者地表被浅水覆盖。湿地拥有强大的生态净化作用,是生物多样性的摇篮,是世界上生产能力最强的环境之一,是形成生态平衡的重要力量。湿地是在水陆互相作用下形成的特殊的、多功能的生态系统,具有季节性或常年积水,在涵养水源、蓄洪防旱、降解污染、调节气候、补充地下水、控制土壤侵蚀等方面有重要作用。湿地长期积水,生长了茂密的植物,其下根茎交织,不仅能储蓄大量水分,还能通过植物蒸腾和水分蒸发,增加空气湿度,有效调节降水。湿地是自然界最富生物多样性的生态景观和人类最重要的生存环境之一。

79.地球成了"温室"是好事吗

$空$气里中的二氧化碳不能透过红外辐射，从而防止地表热量辐射到太空中。所以，如果空气中没有二氧化碳，地球表面年平均气温至少要降低20摄氏度。而二氧化碳过多，地球就像包上厚被子，由于空气与外界缺乏热交换而形成保温效果，大气变暖变成"温室"。当然，"温室气体"不只是二氧化碳，二氧化碳约占75％，氯氟代烷约占15％～20％，此外还有甲烷、一氧化氮等30多种气体。

通常，大气中80％的二氧化碳源自动、植物的呼吸，20％源自燃料燃烧。在大气碳循环中，约75％的二氧化碳会被海洋、湖泊、河流等水域及降水所溶解，约5％的二氧化碳会通过植物光合作用，被转化为有机物质。但是数十年来，全球人口剧增，工业高速发展，所产生的二氧化碳排放量远远超过了之前的水平。然而全球地面水域大量缩小，降水量降低，森林、植被被大量破坏，破坏了二氧化碳生成与转化的动态平衡。所以，大气中的二氧化碳含量逐年增加、累积，温室效应不断增强。

温室效应可导致海平面上升。全世界大约有三分之一的人生活在靠近海岸线60千米的陆地区域，海平面一旦升高，无情的海水会直接吞没这些地方。温室效应可加剧洪涝和干旱发生的频率。温室效应会破坏海洋环流，使得暴雨、连年大旱等极端天气经常发生。温室效应对生态系统的破坏也是非常明显的，二氧化碳含量的增多会使植物的光合作用增强，生长季节延长，一些植物因为不能适应这些变化而死亡。

80.全球的气候会发生骤变吗

小明对科幻电影中气候骤变的情节印象深刻，尤其是电影中大城市几乎瞬间就被海水淹没并且被冰封。那么现实中，全球的气候会不会发生骤变并引发自然灾害呢？

美国全国研究委员会曾发表报告说，由大气污染造成的全球气候变暖，极有可能在某一时间引发气候骤变，认识这种可能性并积极采取对策将有助于保护人类社会以及生态系统。

像二氧化碳这种主要的温室气体在大气中的日益聚集正在加速全球气候变暖。许多专家认为，如果不制止全球变暖趋势，下个世纪将可能出现急剧的气候变化。目前，南极冰川正在迅速变薄，有些地方的冰层在过去10年已经融化了45米。这一现象已经给人们敲响了警钟——制订应对计划刻不容缓。

减少温室气体排放，改善气候预测，减缓生物物种的锐减速度，提高水、土壤以及空气的质量都是有益无害的。如果真等到全球气候发生骤变，难以适应的人类甚至会面临灭绝的风险。

"大冰期"是地球上极为寒冷的时期，气温很低，极地和高纬度区广布冰盖，中低纬度地区也分布有很多大陆冰川和山岳冰川，冰川地质作用十分强烈。

"大冰期"是相当长的时段，气候并非恒定不变，其中有相对更寒冷的时期，称为"冰期"，和与之相对较为温暖的时期，称为"间冰期"，两个时期相互交替。

关于地球上出现大冰期的原因，科学家们认为，天文因素可能是大冰期周期性出现的原因之一。太阳系在银河系中是不断运行着的，银河系中各空间物质的稠密程度不同，太阳经过稠密地区时，光辐射的传导就会受到阻碍，地球接收到的能量减少，因而会变得寒冷，并持续一个周期，也就是大冰期。也有学者认为，太阳运行到距离银河系中心最近的时候，亮度会变小，使得它的行星变冷。太阳绕银河的公转周期大约是3亿年。据以上两种理论，太阳每运行一周，地球就会变冷一次，出现一次大冰期。这也与地质考察中找到之前的冰期证据相吻合。

82. 地球上为什么会有沙漠

沙漠是地球上比较特殊的区域，在这里，只有少数生命力十分顽强，水需求量极低的植物能够生存。走进沙漠，你会觉得沙漠就像一块面团，在发酵之后越来越大，侵占了昔日青青草原，土块和岩石逐渐裸露出来。那么，地球上为什么会有沙漠呢？

土地荒漠化，是由气候和人类活动等因素造成的干旱、半干旱和半湿润地区的土地退化现象。干燥的气候是形成大范围沙漠的重要条件。在干燥地区，除了岩石风化成碎屑外，还有干枯的河流带下面的大量泥沙、石子。在地面缺乏植物覆盖的情况下，一旦狂风大作，地面上的泥沙就将大量飞起，这些沙尘在风力减弱或者遇到障碍物时，便大片地沉积下来，形成沙漠。大面积的沙漠往往散落在干燥地区或地势较低的盆地地区，比如像中国西北地区的大面积荒漠，以及北非地区以撒哈拉沙漠为代表的沙漠群。

蔓延的荒漠化也让人类开始反思，可以说人类很大程度上是"幕后主使"。由于人类乱砍滥伐、过度放牧和盲目开垦土地，加上局部性的战争又毁坏了干旱地区的水利设施，这些因素都加快了沙漠化的进程。长期以来，由于人类不顾后果地过度放牧、乱砍滥伐、过度开垦，脆弱的生态经不起人们这么折腾，生态平衡遭受到灾难性的破坏，风沙危害越来越严重，人们愈发缺乏生活资料，反而愈发掏空自然资源，使得这样的灾难性事件成为一个恶性循环。

多少年来随着人类文明的进步，人类对大自然进行了很好的利用和改造。但是在这样的进程中，还存在着对自然盲目地索取和掠夺现象，导致了土地的荒漠化。如何更好地治理沙漠，已经成为摆在人类面前非常棘手的问题。人们正在探索治理荒漠化的手段。

83. 地壳为什么运动

地壳运动是地壳结构改变、地壳内部物质变位的一种构造运动，是地球表层的相对运动，通常是指岩石圈相对于软流圈以下的地球内部的运动。岩石圈下面有一层容易发生塑性变形的较软地层，即软流圈。地壳和上地幔顶部形成岩石圈，在软流圈之上运动。在地球的内力和外力作用下，地壳经常处于运动状态，运动遗迹有断层、褶皱、高山、盆地、火山、岛弧、洋脊、海沟等。地壳运动方式和地壳运动方向紧密联系。地壳运动具有水平运动主导性、构造运动定向性、构造运动统一性等基本特征。

组成地壳的岩层沿平行于地球表面方向的运动可称为地壳水平运动，会形成巨大的褶皱山系，以及巨形凹陷、岛弧、海沟等。岩层隆起和相邻区的下降形成地壳垂直运动，可形成高原、断块山及拗陷、盆地和平原，还可引起海侵和海退，造成海陆变迁、沧海桑田。地壳运动导致地球表面的海陆的分布、各种地质作用的发生，并导致各种构造形态。因此，地壳运动也被称为构造运动。

探险家在高山上总能发现一些早期海底生物的化石，这说明什么呢？不管有多么难以置信，这些高山在很久之前是一片汪洋！很多珠穆朗玛峰的登山者在海拔 6000 米以上甚至也能发现鱼类的化石，这意味着，世界最高峰是由海底逐渐演变过来的。那么是什么力量使得沧海变高山呢？答案就是地壳运动。珠穆朗玛峰是两个陆地板块不断相互挤压、叠起形成的，它的高度不是固定不变的，在强大的地壳运动的力量推动下，它的高度很有可能会继续上升！

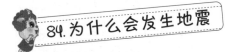

84. 为什么会发生地震

棉棉最近看了有关地震的电视节目，看到许多和她一样的小朋友因为地震的原因而流离失所。她非常难过，同时也很疑惑：为什么会发生地震呢？是地球生气了吗？

其实，地震有很多种类，比如构造地震、火山地震、陷落地震、人工地震、诱发地震等，不同的地震类型有着不同的形成原因。

构造地震是指在地壳运动中，地壳发生变形，当变形超出了岩石的承受能力时，岩石就会发生破裂并且震动，然后长期积累的能量就会被快速释放出来，造成地震。由于能量大，爆发的速度快，这类地震发生的次数最多，破坏力也最大，占全世界地震总数量的 90% 以上。

火山地震是指在火山爆发后，由于大量岩浆损失、地下压力减少或地下深处岩浆来不及补充而出现空洞现象，从而引起上覆岩层的断裂或塌陷。这类地震数量不多，只占地震总数量的 7% 左右。地震和火山往往是相互关联的，火山带和地震带也是相互重合的，它们都会发生在板块的生长边界，火山爆发可能会引起地震，同样地震也有可能引起火山爆发。

陷落地震是由于地下水溶解了一些可溶性岩石，或者是由于过度的地下开采，使得地下岩石出现很大的空洞，顶部的岩石由于重力作用坠落下来，造成坍塌和陷落。陷落地震规模小，次数少，只占地震总数的 3% 左右，虽然距地表比较浅，但是造成的危害却不大。

人工地震和诱发地震是由于人工爆破、军事施工及地下核试验等引起的地震，有时在深井中进行高压注水或大水库蓄水后增加了地壳的压力也可能诱发地震。

某些特殊情况下也会产生地震，如大陨石冲击地面，会形成冲击地震。

85.什么是震级和烈度

地震发生的频率如此之高，为了方便记录和救援，就像我们给热带气旋划分等级一样，我们也根据地震发生的情况，给地震划分了级别，你知道都有哪些划分标准吗？

震级是表示地震本身大小的量度，它与地震释放出的能量多少相关，可以根据地震仪器的记录推算得出。地震级别和人的感觉有什么关系呢？小于里氏 1 级的属于超微震，1 ~ 2.9 级的属于微震，这两种地震人们都感觉不到。3 ~ 4.9 级的属于小震，不会造成破坏。中震的震级是 5 ~ 6.9 级，有程度不等的破坏。7 级以上的叫作大震，破坏十分严重。小震、中震、大震发生时，人们都能感觉得到。

地震在不同地点导致的地面运动强度有很大差异，因而，同一次地震事件在不同地区造成的破坏程度也有大有小。地震烈度就是反映地震活动所造成的地面和建筑物的破坏程度的指标。地震烈度不是通过仪器测定的，而是根据人对地震的感觉和地面及地面上的房屋、工程建筑、器具等遭受地震影响和破坏的程度来确定的。地震烈度共 12 度，一般情况下，震级越高，震源越浅，烈度越大。震中所在地区是一次地震烈度最高区，距离震中越远，烈度总的趋势越低。

86. 火山一般发生在地球的哪些地带

火山和地震就像是板块交界处的"孪生兄弟"。我们都知道世界上有两条著名的地震带：环太平洋地震带，地中海－喜马拉雅地震带。这两条地震带也是火山带。这是为什么呢？

我们要先明白火山是怎样喷发的。火山是由地壳运动形成的，在板块运动过程中，地壳中的岩石会受到挤压或者拉伸，不断变动，形成褶皱山脉。因为地形倒置，所以有"向斜成山，背斜成谷"的特殊现象。向斜岩石的中心部分比较新，两翼的岩石则比较老，于是很容易形成裂缝。当岩浆上涌至靠近地表时来自下层的压力减小，挥发成分被急剧释放出来，岩浆会沿着裂缝继续上升，形成喷涌之势。

处于地下深处的岩浆，在巨大的压力作用下，有时候会沿着地壳的薄弱地带喷射出地表，如果岩浆是沿着地壳的线状裂缝流出，往往形成广阔的熔岩高地，如东非高原。如果岩浆是沿着地壳的中央喷出或是管道喷出，往往会形成火山，如中国的长白山的主峰。

一般来说，板块内部地壳比较稳定。两个板块之间的交界处，则是地壳比较活跃的地带，火山和地震多集中分布在这一地带。世界上的火山主要集中在太平洋板块、欧亚板块，分布在日本、菲律宾、印度尼西亚、夏威夷，以及意大利、冰岛等地。印度尼西亚被称为"火山之国"。在爪哇诸岛附近，有近 400 座火山，其中 129 座是活火山。中国也有火山分布，如东北的五大连池、大兴安岭南部、长白山地区，云南的腾冲地区也有火山。

87.火山形成的原因是什么

火山气体从地缝冒出，1500摄氏度的火山熔岩从所有地震裂口喷出，引发剧烈的爆炸，滚滚浓烟冲上云霄。火山灰铺天盖地，地震、海啸同时爆发，熔岩与暴雨形成一股股强大的泥石流，带着熊熊烈火的岩石大块大块地翻涌……火山是怎样形成的？

在古代罗马，人们看到火山喷发的现象，便把这种山燃烧的原因归之为火神武尔卡诺发怒，于是意大利南部的地中海利帕里群岛，上面的一座火山便以武尔卡诺的名字命名，同时这个名词被沿用下来，成为火山的通用英文名称——Volcano。

火山是由固体碎屑、熔岩、流或穹状喷出物围绕着其喷出口堆积而成的隆起的丘或山。火山喷出口是一条由地球上地幔或岩石圈至地表的通道，大部分物质堆积在火山口附近，有些被大气携带到高处而扩散到几百甚至几千千米的远处。

火山喷发是地壳运动的一种表现形式，也是地球内部热能在地表的一种最强烈的显示形式，是岩浆等喷出物在短时间内从火山口向地表释放的地质现象。岩浆中含有大量挥发成分，但由于上面有覆岩层的围压，使这些挥发成分溶解在岩浆中无法溢出。当岩浆上升至靠近地表时压力减小，挥发成分被急剧释放出来，于是就形成了火山喷发。

灰和气体云

火山岩浆

火山口锥

出口

岩浆库

　　根据岩浆的性质、地下的压力、火山通道形状、火山喷发环境等很多因素的影响，火山喷发可以分为裂隙式喷发和中心式喷发，中心式喷发还可以分为宁静式、爆裂式和中间式喷发。

　　别看火山喷发只是很短时间内的事，这可是经过很长时间"准备"的啊！火山的形成是一系列物理化学过程，总的原因就是一些地下岩石在压力或者温度的影响下熔融并汇聚，达到一定程度，通过一些自然形成的管道由薄弱地层处喷发而出的现象。

88.地球上有哪些可供后续开发的资源

我们日常生活中使用的"电"是从哪里来的呢？除了煤可以发电，水也可以发电呢！煤可是不可再生资源，它是用一点少一点，总有一天会用完的。到那时，地球上有哪些可供后续开发的资源呢？

当然，水能是可以的！我们国家的水能资源可丰富了。只要是地形变化大，有河流的地方都蕴藏着水能资源！知道三峡大坝吗？知道它都有哪些作用吗？对了，是发电！

只要有水流，即使煤炭资源使用完了，我们还可以后续开发水能资源呢！

除了水能资源，风力资源也可以被用来开发。生活中，风可多着呢！有的地方不仅风多，而且风还大，是风力发电的好地方！一座座高大树枝状的铁杆子，上边有几片叶子似的铁片，这就是通常所见的风力收集器！有了它，风就变成了宝贵的资源，能用来发电、照明……

当然，太阳光也是地球上一种重要的可供后续开发的资源。相对地球来说，太阳光可是无穷无尽的，用也用不完的。有了太阳光，地球上的生命才能生存……

你知道地球上还有哪些其他可供开发的资源吗？

89.地心会不会不堪重负而使地表发生凹陷

地球孕育了生命，有70多亿不同肤色、不同民族的人居住在地球之上。你有没有想过这样的一个问题？如此庞大的人数会不会压塌地球，导致地表向地心发生凹陷呢？

这个问题已经困扰科学家好长时间了！究竟地表在承受巨大的压力条件下，会不会像普通的气球一样，发生凹陷，甚至破碎呢？不过据科学家介绍，至少现在还没有出现地表凹陷的趋势。

地球的地表覆盖着一层巨厚的岩石，被称为岩石圈，它大概有60千米厚！地表岩石的厚度大概相当于7.5个珠穆朗玛峰堆在一起。而珠穆朗玛峰则是地球上的最高峰。

想象一下，我们脚底下有这么厚的一层"地板"，它真的有可能会塌陷吗？你相信吗？

不过，也有人担心。随着经济的发展，地球上生活的人数会越来越多，建造的高楼也会越来越高……地球所承受的重量会越来越大的！巨厚的岩石圈能否承受得住那样的重量，还真的不好说呢！

你是怎样认为的呢？会不会有一天，地心会不堪重负而导致地表发生凹陷呢？

90.地面沉降会造成什么危害

地面沉降是某些地区地表不断下陷的地质活动现象及其造成的灾害，属于缓慢性的地质灾害。导致地面沉降的因素包括自然作用和人为作用。自然作用引起的地面沉降归因于地壳运动，主要包括地壳升降运动、地震、火山活动以及沉积物固结压实等。人为作用主要包括开采地下水和油气等矿产资源，修建地下工程，对局部地方施加静荷载和动荷载等。

地面沉降是一种普遍存在的现象，会造成多方面的危害。地面沉降不利于城市建设，容易造成建筑物地基不牢固，致使房屋倒塌。当沉降较为严重时，会破坏城市设施，导致工程设施沉陷、开裂、变形甚至崩倒。道路地面沉降会出现凹凸不平或开裂，而桥梁下沉变形，会造成安全隐患。地下管道会随着地面下沉而破裂。地面下沉可使江河行洪能力减弱，而海平面相对上升。而堤防、涵闸等工程下沉、开裂，会致使防洪排涝和防潮能力降低，从而形成水患，极易发生海水倒灌，使得土壤和地下水盐碱化。

地面沉降不利于资源开发。发生沉降地区的地质层通常不稳定，会增加资源开采的难度和危险程度。

著名的"水城"威尼斯就是个典型的地面沉降例子。在过去的100年里，威尼斯地面下沉了一米，现在一个大浪袭来，威尼斯街头就会漫上海水，市中心的马可广场就会变成一片汪洋。

91 地球的形状会一直保持下去吗

我们生活的地球是什么样的形状呢？科学家告诉我们，地球是球形的形状，就像是一颗缀在宇宙中的巨大皮球。可是，在面临着"内忧外困"的情况下，地球的形状会一直保持下去吗？

你知道什么是"内忧外困"吗？地球都面临着哪些内忧外困呢？

宇宙是一个危险的环境。各种类型、各种大小的陨石在宇宙之中"横冲直撞"，说不定哪一天就撞向了地球。各种陨石经常光临地球，地球的"皮肤"因此也变得坑坑洼洼的。

地球位于太阳系。除了陨石，地球还受着太阳、月亮等天体的影响。终年经受着它们对地球的引力作用，从而使地球变成不是完全的球形，而更像是"橄榄球"形呢！

什么是"内忧"呢？我们知道地球上，高大的山脉林立，这是地壳运动的结果。还有各种各样的地震、断裂等运动形式，使地球表面变得越来越不平整，高矮错落。

所以呢，由于这些"内忧外困"，地球的形状始终在变。但是，地球还是一颗"球"，只不过表面变得越来越不平整，坑洼交错！

Mr.Know All

Mr.Know All 浩瀚宇宙

小书虫读科学

地球真的在转吗

《指尖上的探索》编委会 组织编写

作家出版社

策划出品 悦读名品　图片服务 悦读名品 123RF

　　我们每天生活在地球上，但我们对地球的了解可能并不深。地球是目前人类所知唯一存在生命的天体。本书针对青少年读者设计，图文并茂地介绍了地球——蔚蓝色的星球、神奇地球知多少、人类生命的摇篮——地球、太阳系的成员——地球、身处宇宙之中的地球、万物生灵的呐喊——保护地球六部分内容。来认识一下我们的地球母亲吧。

图书在版编目（CIP）数据

地球真的在转吗 /《指尖上的探索》编委会编. --
北京: 作家出版社，2015.11（2022.5重印）

（小书虫读科学）

ISBN 978-7-5063-8570-1

Ⅰ.①地… Ⅱ.①指… Ⅲ.①地球—青少年读物
Ⅳ.①P183-49

中国版本图书馆CIP数据核字（2015）第278970号

地球真的在转吗

作　　者	《指尖上的探索》编委会
责任编辑	杨兵兵
装帧设计	高高 BOOKS
出版发行	作家出版社有限公司
社　　址	北京农展馆南里10 号　　**邮　　编** 100125
电话传真	86-10-65067186（发行中心及邮购部）
	86-10-65004079（总编室）

E-mail:zuojia@zuojia.net.cn

http://www.zuojiachubanshe.com

印　　刷	北京盛通印刷股份有限公司
成品尺寸	163×210
字　　数	170千
印　　张	10.5
版　　次	2016年1月第1版
印　　次	2022年5月第2次印刷
ISBN	978-7-5063-8570-1
定　　价	33.00元

Mr.Know All

《指尖上的探索》编委会

Mr.Know All
小书虫读科学

001.是谁提出了日心说？

A.卡文迪许

B.爱因斯坦

C.哥白尼

002.下列哪一项不是地球科学的三大难题？

A.地球的起源

B.地球的重量

C.地球上生命的起源

003.下列哪一项不是地球起源的假说？

A.康德星云说

B.霍伊尔－沙兹曼星云说

C.牛顿星云说

004.康德是下列哪国的哲学家？

A.德国

B.英国

C.美国

005.太阳和各大行星是怎样形成的？

A.爆炸

B.大火

C.合成

006.地球的年龄大约有多大？

A.300 亿岁

B.3 亿岁

C.46 亿岁

007.科学家用什么方法估算地球的年龄？

A.同位素地质测定法

B.观察法

C.推算法

008.地球上最古老的岩石有几岁？

A.3 亿岁

B.83 亿岁

C.38 亿岁

009.恒星能自己发光吗？

A.能

B.不能

010.离地球最近的恒星是下列哪一项？

A.月亮

B.太阳

C.处于半人马座的比邻星

011.恒星恒定不变吗？

A.不是，一直在运动和变化

B.飘忽不定

C.恒定不变

012.地球是恒星还是行星？

A.恒星

B.行星

013.地球整体上是什么颜色的星球？

A.黄色

B.蔚蓝色

C.白色

014.为什么地球看起来是蓝色的？

A.地球上空有大气层

B.蓝天的颜色使地球看起来是蓝色的

C.海洋面积大且大气散射阳光中蓝光成分较多

015.地球上的白色主要是什么？

A.云团和雪山

B.沙漠

C.山脉

016.地球上的黄色代表什么？

A.沙漠和山脉

B.森林

C.云团和雪山

017.谁最早提出了地球的名称和概念？

A.牛顿

B.阿基米德

C.亚里士多德

018.地球表面海洋的面积约占地球总面积的多少？

A.5%

B.75%

C.71%

019.人们想把地球的名字改成什么？

A.水球

B.火球

C.土球

020.下列哪一项不是把地球叫作地球的原因？

A.人在陆地上居住

B.生命活动大多数还是在陆地上进行

C.陆地上可以盖房子

021. 盖天说是在什么时间提出来的？

A.秦朝

B.周朝

C.唐朝

022.《浑天仪注》是谁所著？

A.张衡

B.祖冲之

C.徐霞客

023.下列哪国人认为大地像被四头大象驮着，站在一只巨大的海龟身上？

A.古印度人

B.中国人

C.古巴比伦人

024.麦哲伦是怎样证实地球是一个球体的？

A.计算

B.实际测量

C.环球航行

025.人们曾经想用什么公式计算地球的质量？

A.质量 = 密度 × 体积

B.质量 = 石头密度 × 体积

C.质量 = 海水密度 × 体积

026.谁发现了万有引力定律？

A.亨利·卡文迪许

B.牛顿

C.爱迪生

027.卡文迪许通过什么样的方式测出了万有引力常数？

A.扭秤实验

B.重力实验

C.杠杆原理

028.地球约有多重？

A.30 万亿亿吨

B.60 万亿亿吨

C.100 万亿亿吨

029.地球的平均半径是多少？

A.6371 千米

B.9371 千米

C.6371 米

030.地壳的平均厚度是多少？

A.12 千米

B.13 千米

C.17 千米

031.地球由外而内包括下列哪几层？

A.地表、地幔和地核

B.地壳、地幔和地心

C.地壳、地幔和地核

032.下列哪一项是波态岩浆的发源地？

A.地壳

B.地幔

C.地核内核

033.地核的质量占整个地球质量的多少？

A.31.5%

B.21.5%

C.16.2%

034.地核可分为下列哪几个层次？

A.外地核和地幔

B.外地核、过渡层和内地核

C.地壳和地心

035.内地核又被称为什么？

A.铁镍核

B.金刚核

C.钻石核

036.2013 年 5 月，通过新实验，科学家测定地核的温度是多少？

A.6000 摄氏度

B.5000 摄氏度

C.7000 摄氏度

037.天气预报中预报的是下列哪一项的温度？

A.气温

B.地表温度

C.室内温度

038.目前观测到的世界最高气温是多少？

A.63 摄氏度

B.40 摄氏度

C.37 摄氏度

039.目前观测到的世界最低气温是多少？

A.63 摄氏度

B.0 摄氏度

C.低于零下 90 摄氏度

040.目前全球平均气温的变化情况怎么样？

A.维持在 15 摄氏度

B.不断上升

C.不断下降

041.地球水圈由什么构成？

A.地球表面所有的水

B.海洋

C.河流

042.地球大气圈中有什么？

A.只有空气

B.只有氧气

C.所有气体和悬浮物

043.地球的哪个圈层不是独立存在的？

A.生物圈

B.岩石圈

C.大气圈

044.人类生活在地球的哪个圈层中？

A.水圈

B.大气圈

C.生物圈

045.下列哪一项不属于常见的地形类型？

A.平原

B.山地

C.海沟

046.平原的海拔一般是多少？

A.200 米以下

B.250~500 米

C.500 米以上

047.内蒙古大草原属于下列哪种地形类型？

A.丘陵

B.高原

C.盆地

048.盆地的地形特征是什么样的？

A.广阔平坦

B.中间高、四周低

C.中间低、四周高

049.下列哪一项是地壳断裂后岩块上升形成的？

A.华山

B.华北平原

C.柴达木盆地

050.风蚀蘑菇地表形态是在下列哪种力量作用下形成的？

A.内力

B.引力

C.大风

051.下列哪种地球活动可以在瞬间改变地表形态？

A.地壳运动

B.火山爆发

C.河流堆积

052.下列哪一项不是河流堆积作用的结果？

A.长江中下游平原

B.黄河三角洲

C.东非高原

053.下列哪一项不是东半球的大陆？

A.亚欧大陆

B.非洲大陆

C.北美大陆

054.全世界岛屿的总面积有多少？

A.970 多万平方千米

B.14900 多万平方千米

C.36100 多万平方千米

055.地球上陆地面积是多少？

A.约 4900 万平方千米

B.约 14900 万平方千米

C.约 36100 万平方千米

056.下列哪一项的面积总和最大？

A.陆地

B.海洋

C.岛屿

057.南北美洲的分界线是什么？

A.巴拿马运河

B.苏伊士运河

C.白令海峡

058.南北美洲和欧洲的分界线是什么？

A.地中海

B.大西洋

C.太平洋

059.世界第一大洲是哪个大洲？

A.非洲

B.亚洲

C.南极洲

060.世界上最小的大洲是哪一个？

A.大洋洲

B.南美洲

C.欧洲

061. "土壤布在田，能者以为富。"
出自哪里？

A.《淮南子·说林训》

B.《归园田居》

C.《清平乐·村居》

062. 关于成土因素，下列哪一项起
着主导作用？

A.人类

B.生物

C.植物

063. 下列哪一项不是土壤中的固体
物质？

A.土壤矿物质

B.有机质

C.空气

064. 衡量土壤肥力高低的重要标志
是什么？

A.有机质质量好坏

B.水分含量的多少

C.有机质含量的多少

065. 世界时区的划分以什么为标
准？

A.本初子午线

B.半球分界线

C.赤道线

066. 全球共划分成几个时区？

A.12 个

B.18 个

C.24 个

067. 下列哪条经线为日期变更线？

A.120 度经线

B.60 度经线

C.180 度经线

068. 自西向东越过国际日期变更
线，日期需怎么处理？

A.减去一天

B.加上一天

C.不需处理

069. 热带有什么样的气候特点？

A.年平均气温非常高

B.气候比较温和

C.气候非常寒冷

070. 下列哪个区域会出现极昼和极
夜现象？

A.温带

B.热带

C.寒带

071.温带有什么样的气候特点？

A.一年中能够明显地感受到春、夏、秋、冬四季的变化，气候比较温和

B.一年恒温没有明显变化

C.炎热无比

072.从总体上来看，纬度越低，气温越高吗？

A.是

B.不是

073.下列哪一项不属于南北两极的代表性动物？

A.企鹅

B.北极熊

C.大熊猫

074.我们把地球自转轴与地球表面相交的两点称为什么？

A.地极

B.地心

C.地轴

075.南北极相比热带和中纬度地区的阳光照射怎样？

A.较多

B.相同

C.较少

036.南北极一年的极夜时间有多长？

A.一年

B.半年

C.三个月

037.若把地球看作一个标准球体，赤道与南北极的距离怎样？

A.离南极近

B.离北极近

C.距离南北两极相等

038.赤道地区年平均气温是多少？

A.15 ~ 18 摄氏度

B.45 ~ 55 摄氏度

C.25 ~ 28 摄氏度

039.南北回归线之间的区域叫什么？

A.热带

B.温带

C.寒带

080.中国的戈壁沙漠，白天最高温度可达到多少？

A.35 摄氏度

B.45 摄氏度

C.55 摄氏度

081.非洲的第一高峰是什么？

A.喜马拉雅山

B.安迪斯山

C.乞力马扎罗山

082.赤道线上的最高点是什么？

A.喜马拉雅山

B.科托帕克希火山

C.乞力马扎罗山

083.对流层内，气温随高度的增长而怎样？

A.增长

B.降低

C.不变

084.在 1.2 万米高度以下的对流层，高度每增加 1000 米，气温约下降多少？

A.4 摄氏度

B.5 摄氏度

C.6 摄氏度

085.地球自转一周需要多长时间？

A.约 12 小时

B.约 24 小时

C.约 36 小时

086.地球赤道周长是多少？

A.40075 千米

B.80150 千米

C.20075 千米

087.怎样才能做到"坐地日行八万里"？

A.坐在中国某地

B.坐在南极某地

C.坐在赤道某地

088.地球除了自转和公转外，还在怎样运动？

A.被月球带领着围绕银河系的中心高速运动

B.被太阳带领着围绕银河系的中心低速运动

C.被太阳带领着围绕银河系的中心高速运动

089.车在高速前进时，窗外的景物相对于车辆怎样运动？

A.高速向后退

B.高速向前进

C.不动

090.下列哪个天体我们肉眼观察不到？

A.月球

B.太阳

C.土星

091.如果地球飞快旋转，我们能感受到星体的变化吗？

A.能

B.不能

C.难以测定

092.电梯上升或下降速度一定的时候，人会感觉到电梯在动吗？

A.会

B.不会

C.难以测定

093.关于地球的形态，中国古代学者提出的著名的学说是下列哪一项？

A.天圆地方说

B.星云假说

C.板块构造学说

094.谁提出了地球是球形的第一个科学依据？

A.亚里士多德

B.苏格拉底

C.马丁·库帕

095.谁第一个计算出了地球的周长？

A.亚里士多德

B.艾托拉斯特尼

C.苏格拉底

096.人类用怎样的实践证明了地球确实是球形的？

A.实验

B.测量

C.环球航行

097.为什么足球不会被从地球上踢出去？

A.地球有地心引力

B.力量太小

C.足球太重

098.宇宙中任何事物都是相互吸引的吗？

A.是

B.不是

C.只要有质量

099.地心引力的方向是什么？

A.向下

B.向上

C.指向地心

100.谁最早发现了万有引力？

A.爱迪生

B.爱因斯坦

C.牛顿

101.用手电筒模拟阳光照射地球仪，地球仪背光的一面是怎样的？

A.光亮

B.黑暗

C.变红了

102.用手电筒模拟阳光照射地球仪，随着地球仪的转动，原来亮的地方会变得怎么样？

A.黑

B.亮

C.没有变化

103.太阳系的中心是什么天体？

A.太阳

B.地球

C.月亮

104.地球怎么转动？

A.每天朝不同的方向转

B.毫无规律

C.总是朝着同一个方向转动

105.太阳是恒星还是行星？

A.恒星

B.行星

C.卫星

106.地球自转的方向是什么？

A.自西向东

B.自东向西

C.自南向北

107.生活在地球上的人类感觉所有天体是怎样运动的？

A.自东向西围绕太阳转

B.自西向东围绕地球转

C.自东向西围绕地球转

108.北半球夏季，全球各地（除赤道和极点外）太阳都是从什么方向升起？

A.东南

B.东北

C.西北

109.什么时候地球上除极夜地区外的任何地方看到的太阳都是从东北方升起，从西北方落下？

A.太阳直射点在南半球时

B.太阳直射点在北半球时

C.太阳直射点在赤道时

110.什么时候全球都是太阳从正东方升起，正西方落下？

A.春分、秋分日时

B.冬至时

C.立秋时

111.每天太阳的高度及方位的改变是由什么引起的？

A.地球自转

B.地球公转

C.地球云层厚度变化

112.因为黄赤交角的存在，地轴倾斜多少？

A.3.5度

B.13.5度

C.23.5度

113.地球上的光照来自哪里？

A.地球自身

B.太阳

C.月亮

114.北半球是夏季时，南半球是什么季节？

A.夏季

B.秋季

C.冬季

115.地球上每个地方都会有四季变换吗？

A.是

B.不是

116.地球上的哪个气候带有明显的春、夏、秋、冬四个季节？

A.热带

B.温带

C.寒带

117.地球大气通常分为哪5层？

A.交流层、平流层、中间层、暖层和外层

B.对流层、平流层、中间层、冷层和外层

C.对流层、平流层、中间层、暖层和外层

118.海拔越高的地方温度越低是下列哪一层的特点？

A.对流层

B.平流层

C.中间层

119.在对流层中平均每升高 100 米温度会怎样变化？

A.下降 0.6 摄氏度

B.下降 6 摄氏度

C.上升 0.6 摄氏度

120.臭氧浓度高的地方，大气温度怎样？

A.高

B.低

C.不变

121.下列哪一项不是中国的四大发明？

A.指南针

B.造碱术

C.造纸术

122.《梦溪笔谈》的作者是谁？

A.沈括

B.沈复

C.沈周

123.指南针最早在什么时候被用于航海？

A.汉朝

B.唐朝

C.北宋后期

124.指南针的南极与地磁的哪个极互相吸引？

A.南极

B.北极

125."同性相斥，异性相吸"是靠什么实现的？

A.重力

B.磁场

C.万有引力

126.相同的磁极怎样相互作用？

A.相吸

B.相斥

C.没有相互作用

127.地理的南极、北极和地磁的南极、北极相同吗？

A.相同

B.不同

C.尚无定论

128.南磁极和北极、北磁极和南极之间的夹角叫作什么？

A.黄赤交角

B.地轴倾角

C.地磁倾角

129.谁被树上掉下的一个苹果砸中后，引发了对地球重力的思考？

A.爱迪生

B.司马光

C.牛顿

130.下列哪一项是正确的？

A.任何两个原子之间都存在着吸引力

B.原子之间不可能存在关系

C.吸引力和物体的质量、原子无关

131.地球重力是下列哪种力？

A.地球和地球中的物体相互吸引的力

B.地球上的物体之间相互排斥的力

C.人类主观判断的力

132.怎样能改变地球的重力？

A.改变地球的体积

B.改变地球的质量

C.改变人类

133.水的源头一般在哪里？

A.高山上

B.海洋

C.水电站

134.水具有什么特性？

A.流动性

B.滚动性

C.奇形怪状

135."君不见黄河之水天上来，奔流到海不复回"出自下列哪首词？

A.《卜算子》

B.《浣溪沙》

C.《将进酒》

136.水往低处流的本质原因是什么？

A.地球自转

B.地球引力

C.地球公转

137.如果地球引力真的消失了，东西都会开始飘浮吗？

A.是

B.不是

138.下列哪一项不是人类生存必要的东西？

A.大气

B.水

C.衣物

139.月球上的引力是地球重力的多少？

A.1/8

B.1/6

C.1/3

140.月球的表面存在空气吗？

A.存在

B.几乎真空

C.在月球大气层上有空气

141.海洋和陆地之间大范围吹拂的风叫作什么？

A.海风

B.暖风

C.季风

142.每年夏天常常会有来自太平洋的东南季风光临哪里？

A.美国

B.中国

C.日本

143.冬季风来自哪里？

A.亚欧大陆深处

B.太平洋

C.大西洋

144.季风是怎样产生的？

A.季节变换造成

B.地球自转造成

C.温度差异造成

145.科学家们已经发现除了地球以外第二颗存在生命的星球了吗？

A.有

B.没有

146.在生命体内，水起着什么作用？

A.流动

B.融化有害物质

C.运输营养物质和排除毒素以及有害物质

147.下列哪一项不是大气层的作用？

A.抵御着各种宇宙射线和陨石的攻击

B.全球的气流流转

C.保护水不飞到外太空

148.下列哪一项不是地球存在生命的原因？

A.稳定的宇宙环境

B.适宜的温度

C.宇宙射线

149.为什么人们对深海的研究进展很慢？

A.因为强大的水的压力存在，成为障碍

B.深海的压力太小了

C.没有人愿意研究深海

150.地球是实心的吗？

A.是

B.不是

C.尚无研究

151.为什么人们将来可能想住进"飞屋"？

A.人口的不断增长，以及地表环境的不断恶化

B.地球上住着不安全

C.好玩

152.下列哪一项不属于科学家为人类探索的未来居住之地？

A.深海

B.外太空

C.太阳上

153.对于地球上水的形成，科学家们的观点相同吗？

A.相同

B.不相同

154.关于地球上形成水的原因，下列哪一项是目前的代表性观点之一？

A.地球上氢元素和氧元素经过日积月累的反应和变化

B.地球上氢元素和氮元素经过日积月累的反应和变化

C.外太空不断汇集而来

155.目前较为普遍的看法认为地球上的水是怎么样从岩石中产生的？

A.岩石在一定的温度和适宜的条件下脱水，从而形成水

B.岩石中本来就储存着大量的水

C.岩石被挤压成水

156.根据研究，为什么地球的水还在不断增加？

　A.经常下雨

　B.星云凝聚成水汇集而来

　C.地球内部的高温，加快了地球岩石脱水

157.下列哪一项不属于地球上的水？

　A.河流

　B.空气中不可见的水汽

　C.火山喷发时涌出物质

158.地球上哪部分水最难以测算？

　A.地下水

　B.空气中不可见的水汽

　C.地球内部的水

159.地表以下的上地幔含水量约有多少？

　A.世界海洋水的 1/5

　B.世界海洋水的 1/2

　C.世界海洋水的 1/3

160.人类现在能精确算清地球上有多少水吗？

　A.能

　B.不能

161.雨凝结过程中以什么为核心？

　A.水蒸气

　B.小灰尘

　C.水

162.在水云中，云滴是什么？

　A.小水滴

　B.水蒸气

　C.小灰尘

163.在水云中，云滴怎样变大？

　A.吸收水蒸气

　B.靠重力

　C.继续凝结和相互碰撞结合

164.比较薄、相对较稳定的水云能引起大雨吗？

　A.能

　B.不能

　C.尚无研究

165.雨水落到地面以后，一般会先形成什么？

　A.水流

　B.洪流

　C.湖泊

166.下列哪一项不是下雨后会形成的现象？

A.道路变得泥泞

B.湖水水位上涨

C.河流变得缓慢

167.地面硬化对雨水会造成什么影响？

A.无法下渗

B.促进雨水下渗

C.加热雨水促进蒸发

168.雨水蒸发升空会形成什么？

A.彩虹

B.水云

C.空气

169.下列哪一项不是宇航服的作用？

A.抵御过低或者过高的温度

B.提供给宇航员足够的空气

C.提供给宇航员足够的能量

170.下列哪一项不是我们赖以生存的必需品？

A.水

B.空气

C.鲜花

171.下列哪一项不是大气圈中所富含物质？

A.二氧化碳

B.一氧化碳

C.乙烯

172.地球臭氧层有什么作用？

A.构成原始大气圈

B.保护地球免受宇宙射线的强烈干扰

C.汇集大气污染物并快速分解

173.恐龙是地球上最早出现的生物吗？

A.是

B.不是

174.地球上最早的细胞是什么时间产生的？

A.36 亿年前

B.136 亿年前

C.96 亿年前

175.地球的原始形态是怎样的？

A.固体

B.液体

C.熔融态

176.目前依旧存活在地球上的、可能最为接近地球上最原始的生命体是什么？

A.古细菌和甲烷菌

B.大肠杆菌

C.所有细菌

177.下列哪一项不是生物物种的分类？

A.植物

B.原生生物

C.好人

178.地球上已经被定义、命名的生物约有多少种？

A.11000 万

B.2000 万

C.1000 万

179.地球上消失的生物约有多少种？

A.1000 万种

B.2000 万种

C.1 亿种

180.自地球形成至今，共计产生了大约多少种生物？

A.1.2 亿

B.2000 万

C.1000 万

181.人类现在能大量地离开地球去别处吗？

A.能

B.不能

C.尚无统计

182.科学家预测，在 100 年内就有可能转移一部分人类到哪里去生活？

A.火星或者木星的卫星上

B.月球

C.水星

183.太空移民的难点是什么？

A.承受失重的能力

B.航天技术

C.如何开发理想的能源，建造适宜人类居住的环境

184.目前的科技只能最多将宇航员
送至哪里生活一小段时间？

A.火星

B.木星球

C.空间站

185.全球有多少人口？

A.50 多亿

B.100 多亿

C.70 多亿

186.为什么我们会感觉地球变重？

A.进入我们视野的物质变多了

B.地球上的人越来越多

C.地球上的物质越来越多

187.人口的不断增加，其实归属于
下列什么范围？

A.生物物种变化

B.人口循环

C.物质循环

188.随着人口的增加，地球会变重
吗？

A.不会

B.迅速变重

C.更轻了

189.下列哪一项不属于世界著名的
四大古文明？

A.古巴比伦文明

B.古印度文明

C.古阿拉伯文明

190.世界上现存的最早的一部完备
的成文法典是什么？

A.《汉谟拉比法典》

B.《古巴比伦法典》

C.《古印度法典》

191.下列哪一项是宗教性较强的文
明发源地？

A.古印度

B.两河流域

C.古埃及

192.下列哪一项不属于中国古代的
四大发明？

A.地动仪

B.指南针

C.造纸术

193.什么时候恐龙是地球上绝对的
霸主？

A.7000 万年以前

B.1 万年以前

C.5000 年以前

194.大多数科学家怎样认为恐龙在几千万年之前突然神秘地消失？

A.木星撞击了地球，致使灾难突然发生

B.月亮撞击了地球，致使灾难突然发生

C.小行星撞击了地球，致使灾难突然发生

195.下列哪项不是行星撞击地球造成的危害？

A.部分恐龙直接死亡

B.地球上的水都是挥发到太空了

C.各种地质灾害频繁发生

196.缺少食物供给的恐龙会怎样？

A.自相残杀

B.寻找食物

C.等待死亡

197.地球最多能养活100亿至150亿居民，这个数字来自哪里？

A.农业生产与人类所需以及资源利用

B.预测

C.农业生产

198.农业生产能够无限地满足人类的需求吗？

A.能

B.不能

199.下列哪一项是农业生产实际上占用的资源？

A.摩天大楼

B.太阳

C.水、矿物

200.一旦"生存必需品短缺"这一障碍被克服，那么地球人口最高将可以达到多少？

A.1300 万亿

B.1300 亿

C.13000 万亿

201.地球上最复杂的生命体是什么？

A.细菌

B.草履虫

C.人

202.地球上最简单的生命体是什么？

A.蚂蚁

B.草履虫

C.细菌

203.草履虫由几个细胞构成？

A.无数个

B.5 个

C.1 个

204.细菌的直径有多大？

A.180~280 微米

B.0.5~5 微米

C.18~28 微米

205.我们常把地球比作什么？

A.父亲

B.母亲

C.老师

206.地表约有多大的面积被海洋和湖泊覆盖？

A.30%

B.50%

C.71%

207.现实中的矿产资源面临着什么危机？

A.越来越多

B.完全枯竭

C.濒临枯竭

208.下列哪一项不属于地球与人类的恰当关系？

A.地球给我们提供最需要的水

B.地球给我们提供矿产资源

C.地球是我们随意开发资源的对象

209.月球的引力相当于是地球的多少？

A.2 倍

B.1/6

C.1/2

210.天上有多个月亮吗？

A.是

B.不是

211.如果我们看到的是半个月亮，那我们就叫它什么？

A.满月

B.弦月

C.娥眉月

212.月亮看起来会像镰刀一样，那我们就叫它什么？

A.满月

B.弦月

C.娥眉月

213.下列哪一项是地球唯一的一颗
卫星?

A.太阳

B.月球

C.土星

214.月球所受离心力的方向是怎样
的?

A.摇摆不定

B.朝向地球

C.背离地球

215.月球所受的万有引力方向是怎
样的?

A.朝向东方

B.朝向地球

C.朝向西方

216.月球正以什么速度远离地球?

A.每年 3.8 米

B.每天 3.8 厘米

C.每年 3.8 厘米

217.夜晚海水在水平方向的流动称
为什么?

A.潮

B.汐

C.落

218.潮汐是在什么作用下产生的?

A.月球、太阳等天体引力作用

B.重力作用

C.天气影响

219.潮汐的周期大约是多久?

A.12 小时

B.24 小时

C.24 小时 48 分钟

220.海水一天有几次涨落?

A.1 次

B.2 次

C.3 次

221.下列哪一项不是地球主要的存
在状态?

A.自转

B.公转

C.静止

222.地球自转的原理和什么有几分
相似?

A.转动的硬币

B.钟表走动

C.电扇转动

223.地轴的方向是怎样的?

A.右上 – 左下的方向倾斜

B.左上 – 右下的方向倾斜

C.上下垂直的方向

224.从南极上空看，地球怎样转动?

A.逆时针自转

B.顺时针自转

C.静止

225.地球公转的时候绕着下列什么?

A.地轴

B.太阳

C.月亮

226.太阳系中有几大行星?

A.八个

B.五个

C.十二个

227.地球公转周期是多长时间?

A.约 24 小时

B.约 12 小时

C.约 365 天

228.地球自转和公转的方向是怎样的?

A.都是自西向东

B.都是自南向北

C.各自不同

229."吃月亮"的"天狗"真的存在吗?

A.存在

B.不存在

230."阴晴圆缺"指的是下列什么现象?

A.月相变化

B.月食变化

C.天气变化

231.月食时地球在什么位置?

A.土星与月球之间

B.太阳与土星之间

C.太阳与月球之间

232.月食一般能持续多久?

A.几个小时

B.几天

C.几个月

233.发生日食的时间必定在什么时候？

A.农历初一

B.农历十五

C.农历二十

234.日食分为几种？

A.2 种

B.3 种

C.4 种

235.下列哪种日食比较罕见？

A.日全食

B.日环食

C.全环食

236.发生日食时，地球、太阳和月球，谁在中间？

A.太阳

B.月球

C.地球

237.地球公转的轨道是什么形状？

A.方形

B.正圆形

C.椭圆形

238.地球在近日点时候太阳直射地球哪里？

A.北半球

B.赤道

C.南半球

239.地球在公转轨道的什么位置运动速度快？

A.近日点

B.远日点

C.一样快

240.一年中冬天短夏天长与什么有关？

A.自转速度

B.公转速度

C.地球大小

241.在宇宙中围绕行星轨道上运行的天体是指什么？

A.行星

B.星星

C.卫星

242.科学家用什么把人造地球卫星发射到预定的轨道？

A.飞机

B.火箭

C.轮船

243.人工制造的环绕地球运转的卫星称什么？

A.行星

B.球星

C.人造地球卫星

244.世界上第一颗人造卫星是下列哪个国家发射的？

A.苏联

B.中国

C.美国

245.地球同步卫星又称什么？

A.人造静止卫星

B.卫星

C.对地静止卫星

246.地球同步卫星距离地球的高度通常是多少？

A.1000 千米

B.23333 千米

C.36000 千米

247.地球同步卫星的运行周期通常是多久？

A.10 小时

B.23 时 56 分 4 秒

C.12 小时

248.下面哪个国家能独立发射地球同步卫星？

A.中国

B.加拿大

C.韩国

249.火星是行星还是恒星？

A.行星

B.恒星

C.既不是行星，也不是恒星

250.火星两极地区的冰盖随着季节的变化怎样变化？

A.变大

B.变大缩小

C.缩小

251.火星上有几个季节？

A.2 个

B.3 个

C.4 个

252.火星空气里面 95% 以上都是什么？

A.氧气

B.二氧化碳

C.氮气

253.地球位于哪里？

　A.银河系中的太阳系里

　B.太阳系中的银河系里

　C.银河系中的月亮系里

254.由太阳、八大行星以及部分彗星、小行星等天体组成的是下列什么系？

　A.银河系

　B.太阳系

　C.月亮系

255.地球在八大行星中的大小排行第几？

　A.第一

　B.第三

　C.第五

256.地球上的温度不会过高和过低的原因是什么？

　A.地球和太阳的距离适中

　B.地球自身会恒温

　C.地球和太阳的距离很远

257.具有质量的物质都是引力源吗？

　A.是

　B.不是

258.在太阳系中，地球受着谁的吸引力？

　A.月亮

　B.太阳

　C.火星

259.地球受到的引力吸引我们朝向哪里？

　A.天空

　B.宇宙

　C.地心

260.地球的旋转和移动方向有可能出现变化吗？

　A.有可能

　B.不可能

261.月亮围绕地球的运转是有规律的吗？

　A.是

　B.不是

262.地球是宇宙的中心吗？

　A.是

　B.不是

　C.有时候是

263.日心说是谁提出来的？

A.爱迪生

B.牛顿

C.哥白尼

264.哥白尼在临终前出版了下列哪本书？

A.《天体运行论》

B.《时间简史》

C.《宇宙》

265.人造卫星，需要让其怎样飞行？

A.绕月球飞行

B.绕地球飞行

C.任意飞行

266.可以利用什么把飞行器引向地球？

A.地球的引力

B.重力

C.磁力

267.让航天器保持平稳运行的关键是什么？

A.距离

B.速度

C.大小

268.物体从地球出发，在天体的重力场中运动，有4个比较有代表性的初始速度的统称叫作什么？

A.第一宇宙速度

B.宇宙速度

C.第三宇宙速度

269.科学家通过对周围星系中恒星的观察，得出了恒星的什么过程？

A.一般演变过程

B.形成过程

C.旋转过程

270.多少年后太阳会变成红巨星的状态？

A.40 亿年后

B.50 亿年后

C.60 亿年后

271.可以推测人类很可能会整体迁移至下列哪个星球？

A.月球

B.水星

C.冥王星

272.太阳被称为恒星，是不是就永
　　恒存在了呢？

　A.是

　B.不是

273.太阳为什么能保证其吸引地球
　　的力量足够强大？

　A.太阳有着足够大的质量

　B.太阳会发光

　C.太阳是恒星

274.在个别极端天文现象影响下，
　　地球会轻易脱离太阳系吗？

　A.会

　B.不会

275.假设地球受到了行星的撞击，
　　在较短的时间里，可能偏离出
　　轨道吗？

　A.可能

　B.不可能

276.如果地球被击碎，还受到太阳
　　的引力吗？

　A.受到

　B.不会受到

277.在太阳系边界的地方，还有像
　　绸带似的天体被称为什么？

　A.小行星带

　B.行星带

　C.大行星带

278.如果有大型的陨石、小行星甚
　　至星球闯进太阳系，能够轻易
　　地撞击到地球吗？

　A.能

　B.不能

279.在什么作用下，地球遭受侵袭
　　的概率非常小？

　A.太阳巨大的引力下

　B.地球重力作用下

　C.地壳运动作用下

280.如果某一天真的有大型天体撞
　　击地球，什么能降低地球受到
　　的伤害程度？

　A.大气层

　B.森林

　C.岩石

281.首颗确认适宜居住的行星叫什么？

A.开普勒 -22A

B.开普勒 1 号

C.开普勒 -22B

282.开普勒 -22B 的公转周期约是多少？

A.365 天

B.290 天

C.500 天

283.开普勒 -22B 的表面温度约是多少？

A.10 摄氏度

B.21 摄氏度

C.45 摄氏度

284.目前发现了至少多少个"第二个地球"？

A.1 个

B.42 个

C.47 个

285.太阳是自身就会发光的吗？

A.是

B.不是

C.有时候会

286.夜空中明亮的星星都是恒星吗？

A.是

B.不是

287.距离地球最近的星球是什么？

A.太阳

B.火星

C.月球

288.如果在外太空观察地球，可以看到什么景象？

A.反射光线

B.观察不到

C.像月亮一样明亮

289.下列哪一项被称为生命的摇篮？

A.太阳

B.地球

C.月亮

290.在当下，地球是我们赖以生存的唯一家园吗？

A.是

B.不是

291.下列哪一项使得环境逐渐恶化，某些资源几将耗尽，地球的生态系统遭到严重损坏？

A.人类对自然界的一系列破坏活动

B.太阳黑子爆发

C.地震

292.我们能够为地球母亲做些什么呢？

A.什么都做不了

B.节约用水，循环用水

C.尽量使用一次性制品

293.未来70年内全球平均气温升高多少摄氏度以上的可能性非常大？

A.1摄氏度

B.2摄氏度

C.3摄氏度

294.核战争对地球的危害有多大？

A.致命影响

B.很小

C.没有影响

295.超级火山和超级地震的到来会让地球上多少人失去家园？

A.20%

B.40%

C.60%

296.下列哪一项不是地球面临着的危害？

A.季节变化

B.致命性病毒蔓延

C.气候变化

297.下列哪项是人为因素造成的危害？

A.火山喷发

B.地震

C.火灾

298.自然资源衰竭灾害的根本原因是什么？

A.天气原因

B.人类过度开发和掠取

C.板块运动

299.下列哪项不属于环境污染灾害？

A.地震灾害

B.大气污染灾害

C.土壤污染灾害

300.交通灾害包括什么？

A.陆地交通灾害

B.陆地交通灾害、空难

C.陆地交通灾害、空难以及海难

301.世界地球日是每年的什么时间？

A.3月22日

B.4月22日

C.5月22日

302.世界地球日最初由谁发起？

A.丹尼斯·海斯

B.莱特兄弟

C.牛顿

303.下列哪一项不是世界地球日的宗旨？

A.促进资源开发与环境保护的协调发展

B.唤起人类爱护地球、保护人类家园的意识

C.追求更多经济利益

304.中国从什么时候起，开始举办世界地球日活动？

A.1970年

B.1980年

C.1990年

305.地球一小时是下列哪一组织应对全球气候变化所提出的一项提议？

A.世界自然基金会

B.美国自然基金会

C.中国自然基金会

306.地球一小时倡议在什么时候熄灯一个小时？

A.每年4月的最后一个星期六20：30 ~ 21：30

B.每年3月的最后一个星期六20：30 ~ 21：30

C.每年3月的最后一个星期天20：30 ~ 21：30

307."地球一小时"活动首次于哪一年展开？

A.1970年

B.2007年

C.2015年

308.2015年中国"地球一小时"主题是什么？

A.蓝天自造

B.能见蔚蓝

C.只有一个地球

309. "地球之肺" 指什么？

　　A.森林

　　B.湿地

　　C.草原

310.光合作用吸收大量的二氧化碳并放出什么？

　　A.二氧化碳

　　B.氮气

　　C.氧气

311. "地球之肾" 是指什么？

　　A.森林

　　B.湿地

　　C.草原

312.湿地拥有下列哪种代表性作用？

　　A.维持一氧化碳和氧气平衡

　　B.强大的生态净化作用

　　C.侵蚀土壤

313.如果空气中没有二氧化碳，地球表面年平均气温会有什么变化？

　　A.不会有明显变化

　　B.至少要增加 20 摄氏度

　　C.至少要降低 20 摄氏度

314.下列哪一项不是"温室气体"？

　　A.氧气

　　B.甲烷

　　C.二氧化碳

315.近年来"温室效应"有什么变化？

　　A.不断增强

　　B.不断减弱

　　C.没有什么变化

316.下列哪一项不会是温室效应造成的？

　　A.破坏海洋环流

　　B.破坏板块构造

　　C.破坏生态系统

317.谁曾发表报告说，由大气污染造成的全球气候变暖，极有可能在某一时间引发气候骤变？

　　A.美国全国研究委员会

　　B.美国安全局

　　C.中国全国研究委员会

318.下列哪种温室气体在大气中的日益聚集正在加速全球气候变暖？

A.氧气

B.二氧化碳

C.氮气

319.如果不制止全球变暖趋势，什么时候将可能出现急剧的气候变化？

A.今年

B.21 世纪

C.22 世纪

320.南极冰川有些地方的冰层在过去 10 年已经融化了多少米？

A.45 米

B.55 米

C.145 米

321.大冰期中相对较为温暖的时期，称为什么？

A.间冰期

B.冰期

C.大冰期

322.大冰期中低纬度地区分布了什么？

A.冰盖

B.冰山

C.大陆冰川和山岳冰川

323.大冰期中相对更寒冷的时期称为什么？

A.冰期

B.间冰期

C.大冰期

324.下列哪一项是大冰期周期性出现的原因之一？

A.地球自转

B.天文因素

C.太阳黑子运动

325.形成大范围沙漠的重要条件是什么？

A.干燥的气候

B.人为因素

C.地形因素

326.大面积的沙漠往往散落在什么地区？

A.潮湿地区或地势较低的盆地地区

B.干燥地区或地势较低的盆地地区

C.干燥地区或地势较高的山地地区

327.北非地区的沙漠群，以什么为代表？

A.塔克拉玛干大沙漠

B.阿拉伯沙漠

C.撒哈拉沙漠

328.下列哪个因素加快了沙漠化的进程？

A.乱砍滥伐

B.兴修水利设施

C.退耕还林

329.地球的陆地外部被称作什么？

A.地壳

B.地幔

C.地核

330.地壳具有下列哪项特征？

A.基本处于静止状态

B.包括水平运动和垂直运动

C.构造运动任意性

331.地壳由什么组成？

A.沙子

B.岩浆

C.岩石

332.地壳运动也被称为什么？

A.断层运动

B.海陆变迁

C.构造运动

333.为什么会发生地震？

A.地球自转造成

B.地壳运动造成

C.地球公转造成

334.下列哪一项是发生最多的地震类型？

A.陷落地震

B.火山地震

C.构造地震

335.地震与火山有什么联系？

A.地震从不引发火山

B.火山爆发可能会引起地震

C.二者没有任何联系

336.下列哪一项是文中提到的陷落地震特点？

A.距地表深

B.危害特别大

C.规模小、次数少

337.震级与烈度有什么关系？

A.无关

B.呈反比

C.呈正比

338.人们感觉不到下列哪种地震？

A.微震

B.小震

C.中震

339.多少震级可称为大震？

A.10 级以上

B.7 级以上

C.5 级以上

340.地震烈度共多少度？

A.8 度

B.12 度

C.18 度

341.下列哪一地点的岩浆是沿着地壳的线状裂缝流出而形成的？

A.东非高原

B.长白山的主峰

C.珠穆朗玛峰

342.下列哪一地点的岩浆是沿着地壳的中央喷出或是管道喷出形成的？

A.东非高原

B.长白山的主峰

C.珠穆朗玛峰

343.下列哪个国家被称为"火山之国"？

A.印度尼西亚

B.中国

C.美国

344.世界上最著名的地震带和火山带不包括下列哪一项？

A.环太平洋地震带

B.地中海—喜马拉雅地震带

C.丝绸之路

345.火山爆发是什么现象产生的？

A.地壳运动

B.洋流运动

C.地球自转

346.火山喷发可分为哪两类？

A.中心式和宁静式

B.裂隙式和中心式

C.宁静式和中间式

347.古罗马人如何理解火山？

A.火神的发怒

B.正常现象

C.地球末日

348.火山形成有下列哪项特点？

A.快速形成

B.原因尚未探明

C.一系列物理化学过程

349.下列哪种物质不能发电？

A.水

B.煤

C.岩石

350.只要是地形变化大，有河流的地方都蕴藏着什么资源？

A.水能

B.煤

C.空气

351.一座座高大树枝状的铁杆子，上边有几片叶子似的铁片，这就是通常所说的什么东西？

A.风力收集器

B.风扇

C.风车

352.太阳光可以说是无穷无尽的吗？

A.是

B.不是

353.地球上有多少人？

A.10 亿

B.70 多亿

C.30 亿

354.地表覆盖着一层巨厚的岩石，被称为什么？

A.岩石圈

B.地幔

C.地核

355.岩石圈大约有多厚？

A.60 千米

B.70 千米

C.80 千米

356.地球上的最高峰是什么？

A.马卡鲁峰

B.乔戈里峰

C.珠穆朗玛峰

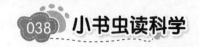

357.地面沉降是什么样的现象?

　　A.急剧性的地质灾害

　　B.地幔不断下陷的现象

　　C.缓慢性的地质灾害

358.自然作用引起的地面沉降归因
　　于什么?

　　A.地壳运动

　　B.开采地下矿产资源

　　C.水灾

359.下列哪一项不是自然作用引起
　　的地面沉降?

　　A.修建地下工程

　　B.地震、火山

　　C.地壳升降运动

360.下列哪一项是典型的地面沉降
　　案例?

　　A.拉萨

　　B.威尼斯

　　C.拉斯维加斯

361.地球是什么形状的?

　　A.球形

　　B.方形

　　C.可以变形

362.宇宙中的什么经常光临地球?

　　A.外星人

　　B.星球

　　C.陨石

363.地球受到太阳和月亮的什么
　　力?

　　A.摩擦力

　　B.引力

　　C.重力

364.地球是一个完美的球形吗?

　　A.是

　　B.不是

　　人类对地球的形状进行了很久的探索，最早由麦哲伦实现环球航行，从而证实了地球是个球体。随着科技的发展，人们运用现代探测技术发现地球是个两极稍扁、赤道略鼓的不规则球体。

　　我们不会从地球上掉下去。宇宙中任何事物只要有质量，就是相互吸引的。月球之所以不会飞走，是因为地球与之相互吸引，它们之间的引力提供向心力。

　　在浩瀚无边的太空中看去，地球整体上是个蔚蓝色的星球。因为地球表面大部分被蓝色的海洋所覆盖，再加上大气散射阳光中蓝光成分比较多，就使地球整体看起来是蓝色的。

　　地球是围绕太阳这颗恒星运转的天体，直径约 12756 千米，质量约为 60 万亿亿吨，能够清除其轨道附近的其他物体。行星的三个标准地球都符合了，由此可知地球是一颗行星。

　　到现在为止，世界上观测到的最高气温为63摄氏度，出现在非洲的索马里；最低气温在零下90摄氏度以下，出现在南极洲。从全球范围看，地球表面的平均温度维持在15摄氏度左右。

　　地球上陆地面积就是大陆和岛屿面积的总和了，面积加起来约14900万平方千米。世界海洋的面积有36100万平方千米，相当于38个中国的陆地面积。

001	002	003	004	005	006	007	008	009	010	011	012	013	014	015	016
C	B	C	A	A	C	A	C	A	B	A	B	B	C	A	A
017	018	019	020	021	022	023	024	025	026	027	028	029	030	031	032
C	C	A	C	B	A	A	C	A	B	A	B	A	C	C	B
033	034	035	036	037	038	039	040	041	042	043	044	045	046	047	048
A	B	A	A	A	A	C	B	A	C	A	C	A	B	A	C
049	050	051	052	053	054	055	056	057	058	059	060	061	062	063	064
A	C	B	C	C	A	B	B	A	B	B	A	A	B	C	C
065	066	067	068	069	070	071	072	073	074	075	076	077	078	079	080
A	C	C	A	A	C	A	A	C	A	C	B	C	C	A	B
081	082	083	084	085	086	087	088	089	090	091	092	093	094	095	096
C	B	B	C	B	A	C	C	A	C	B	B	A	A	B	C
097	098	099	100	101	102	103	104	105	106	107	108	109	110	111	112
A	C	C	C	B	A	A	C	A	B	C	B	A	B	C	C
113	114	115	116	117	118	119	120	121	122	123	124	125	126	127	128
B	C	B	B	C	A	A	A	B	A	C	B	B	B	B	C
129	130	131	132	133	134	135	136	137	138	139	140	141	142	143	144
C	A	A	B	A	A	C	B	A	C	B	B	C	B	A	C
145	146	147	148	149	150	151	152	153	154	155	156	157	158	159	160
B	C	C	C	A	B	A	C	B	A	A	C	C	C	A	B
161	162	163	164	165	166	167	168	169	170	171	172	173	174	175	176
B	A	C	B	A	C	A	B	C	C	C	C	B	B	A	C	A
177	178	179	180	181	182	183	184	185	186	187	188	189	190	191	192
C	C	C	A	B	A	C	C	C	A	C	A	C	A	A	A
193	194	195	196	197	198	199	200	201	202	203	204	205	206	207	208
A	C	B	A	A	B	C	A	C	C	C	B	B	C	C	C
209	210	211	212	213	214	215	216	217	218	219	220	221	222	223	224
B	B	B	C	B	C	B	C	B	A	C	B	C	A	A	B
225	226	227	228	229	230	231	232	233	234	235	236	237	238	239	240
B	A	C	A	B	A	C	A	A	C	C	B	C	C	A	B
241	242	243	244	245	246	247	248	249	250	251	252	253	254	255	256
C	B	C	A	C	C	B	A	C	B	C	B	A	B	C	A
257	258	259	260	261	262	263	264	265	266	267	268	269	270	271	272
A	B	C	A	A	B	C	A	B	A	B	B	A	B	C	B
273	274	275	276	277	278	279	280	281	282	283	284	285	286	287	288
A	B	A	A	A	B	A	A	C	B	B	C	A	B	C	A
289	290	291	292	293	294	295	296	297	298	299	300	301	302	303	304
B	A	A	B	B	A	C	A	C	B	A	C	B	A	C	C
305	306	307	308	309	310	311	312	313	314	315	316	317	318	319	320
A	B	B	B	A	C	B	B	C	A	A	B	A	B	C	A
321	322	323	324	325	326	327	328	329	330	331	332	333	334	335	336
A	C	A	B	A	B	C	A	B	C	B	C	C	B	C	C
337	338	339	340	341	342	343	344	345	346	347	348	349	350	351	352
C	A	B	B	A	B	A	C	A	B	A	C	C	A	A	A
353	354	355	356	357	358	359	360	361	362	363	364				
B	A	A	C	C	A	A	B	A	C	B	B				

001	002	003	004	005	006	007	008	009	010	011	012	013	014	015	016
017	018	019	020	021	022	023	024	025	026	027	028	029	030	031	032
033	034	035	036	037	038	039	040	041	042	043	044	045	046	047	048
049	050	051	052	053	054	055	056	057	058	059	060	061	062	063	064
065	066	067	068	069	070	071	072	073	074	075	076	077	078	079	080
081	082	083	084	085	086	087	088	089	090	091	092	093	094	095	096
097	098	099	100	101	102	103	104	105	106	107	108	109	110	111	112
113	114	115	116	117	118	119	120	121	122	123	124	125	126	127	128
129	130	131	132	133	134	135	136	137	138	139	140	141	142	143	144
145	146	147	148	149	150	151	152	153	154	155	156	157	158	159	160
161	162	163	164	165	166	167	168	169	170	171	172	173	174	175	176
177	178	179	180	181	182	183	184	185	186	187	188	189	190	191	192
193	194	195	196	197	198	199	200	201	202	203	204	205	206	207	208
209	210	211	212	213	214	215	216	217	218	219	220	221	222	223	224
225	226	227	228	229	230	231	232	233	234	235	236	237	238	239	240
241	242	243	244	245	246	247	248	249	250	251	252	253	254	255	256
257	258	259	260	261	262	263	264	265	266	267	268	269	270	271	272
273	274	275	276	277	278	279	280	281	282	283	284	285	286	287	288
289	290	291	292	293	294	295	296	297	298	299	300	301	302	303	304
305	306	307	308	309	310	311	312	313	314	315	316	317	318	319	320
321	322	323	324	325	326	327	328	329	330	331	332	333	334	335	336
337	338	339	340	341	342	343	344	345	346	347	348	349	350	351	352
353	354	355	356	357	358	359	360	361	362	363	364	365	366	367	368
369	370	371	372	373	374	375	376	377	378	379	380	381	382	383	384
385	386	387	388	389	390	391	392	393	394	395	396	397	398	399	400